Rudolf List

Der landwirtschaftliche Kredit

Rudolf List

Der landwirtschaftliche Kredit

ISBN/EAN: 9783743393073

Hergestellt in Europa, USA, Kanada, Australien, Japan

Cover: Foto ©ninafisch / pixelio.de

Manufactured and distributed by brebook publishing software (www.brebook.com)

Rudolf List

Der landwirtschaftliche Kredit

landwirthschaftliche Kredit.

Inaugural-Dissertation

zur

Erlangung der Doctorwürde

bei der

staatswirthschaftlichen Facultät

in Tübingen

vorgelegt

von

Rudolf List
aus Carwinden in Ostpreussen.

Tübingen, 1867.
Druck von Heinrich Laupp.

Verzeichniss der benutzten Literatur.

Rau, Lehrbuch der politischen Oekonomie Bd. II. 5. Aufl. Heidelberg 1862.
Roscher, System der Volkswirthschaft. Bd. I. 6. Aufl. 1866, Bd. II. 4. Aufl. 1865.
Soden, Graf, National-Oekonomie. Bd. II.
Gerber, System des deutschen Privatrechts. 8. Aufl. Jena 1863.
Roscher, Ansichten der Volkswirthschaft aus dem geschichtlichen Standpunkt. Leipzig 1861.
v. Rotteck u. Welcker, Staatslexikon 3. Aufl. Bd. IV. Leipzig 1860, Bd. VII. Leipzig 1862.
J. Weiske, Rechtslexikon (Artikel »Hypothekenwesen«).
E. Daire, Economistes Financiers du XVIII siècle. Paris 1843.
Mac-Culloch, Geld und Banken. Aus dem Englischen übersetzt von Tellkampf. Theil II. Leipzig 1859.
Das deutsche Handelsgesetzbuch.
A. Kurtzel, Geschichte der Law'schen Finanzoperationen in Frankreich. Abgedruckt in Fr. v. Raumer's historischem Taschenbuche pro 1846. Neue Folge 7. Jahrgang.
M. Wolowski, De la mobilisation du crédit foncier. Paris 1839.
Ad. Frantz, Die Domänen-Nutzung in Preussen. Abgedruckt in Hildebrand's Jahrbüchern für Nationalökonomie u. Statistik pro 1864, Bd. II.
Mascher, Der landwirthschaftliche Real- und Gewerbekredit.
Schulze-Delitzsch, Vorschuss- und Kreditvereine als Volksbanken. 3. Aufl.
Ed. Pfeiffer, Das Genossenschaftswesen.
Murhard, Ueber Geld und Münze überhaupt und in besonderer Beziehung auf das Königreich Westphalen 1809.
Sternberg, Ueber Hypothekenversicherung.
Lette, Der Realkredit und dessen Reform. Abgedruckt in der Vierteljahrsschrift von Faucher-Michaelis pro 1863, Bd. I.
Eugen Richter, Die landschaftlichen Kreditvereine Preussens und die Hypothekenbanken Frankreichs und Belgiens. Abgedruckt in Faucher's Vierteljahrsschrift pro 1864, Bd. I.
Br. Hildebrand, Die landwirthschaftlichen Kreditanstalten der Schweiz. Abgedruckt in Hildebrand's Jahrbüchern pro 1864, Bd. II.
Festschrift für die 25. Versammlung deutscher Land- und Forstwirthe in Dresden 1865.
Annalen der Landwirthschaft in den Kgl. Preussischen Staaten pro 1863 und Supplementband.

Die sich mehr und mehr ausdehnenden Handels- und Verkehrsverhältnisse, begünstigt durch völkerrechtliche Handelsverträge und durch Anlage von Eisenbahnen und anderer internationaler und nationaler Kommunikationsmittel, die den Absatz und die Preise der landwirthschaftlichen Produkte unabhängig von den kleineren lokalen Kreisen der Verkehrsgebiete stellen, indem sie den erzeugten Stoffen einen weitern Markt eröffnen und solche Produkte in fernere Orte versendbar machen, die früher in den geringsten Entfernungen von ihren Erzeugungsorten consumirt werden mussten; die umfangreichen Meliorationen früher vernachlässigter wüster Liegenschaften, hervorgebracht in Folge der Vermehrung der Bevölkerung und des Vorhandenseins anderer zahlreicher Volksklassen neben den Landleuten, welche Bodenerzeugnisse brauchen und deren Preis daher durch die vergrösserte Nachfrage erhöhen; die mit fortschreitender Kultur sich auch steigernde Genusssucht aller Menschen, und natürlich auch des Landwirths; das vermehrte Bedürfniss nach geistigen und leiblichen Gütern und der daraus entspringende Trieb, eine höhere Rente aus dem Grund und Boden zu ziehen, um den stärkern Bedarf decken zu können; die gegründete Aussicht auf den Genuss der Anstrengungen, welche die Rechtsinstitutionen eines Landes und die bisherigen friedlichen Beziehungen zu den auswärtigen Staaten ergeben; die Aufhebung des feudal patrimonialen Verhältnisses des Grundbesitzers zu seinen Bauern und die damit verbundene Befreiung Letzterer von lästigen Frohndiensten und Reallasten; die durch die Gesetzgebung ermöglichte Theilbarkeit der Grundstücke; die Fortschritte der Naturwissenschaften in Beziehung zur Landwirthschaft und Technik; die höhere wissenschaftliche durchgängige Ausbildung der Landwirthe durch Unterricht, Ausstellungen, technische Lehranstalten und das Vereinswesen; und endlich die Kenntniss besser bewirthschafteter Gegenden, gefördert durch die leichteren und wohlfeileren

Reisegelegenheiten — haben bei den Ackerbauern das Bestreben erzeugt, immer mehr von der bisherigen extensiven Wirthschaftsweise zur intensiven überzugehen, ihrer Intelligenz ein weiteres Feld zu eröffnen und verschiedene Nebengewerbe und Fabriken zur Verarbeitung der erzeugten bezüglich vorhandenen Rohstoffe mit der Landwirthschaft im engeren Sinne zu verbinden, um dadurch eine Vermehrung ihres Roh- bezüglich Reineinkommens aus dem landwirthschaftlichen Gewerbe sich zu verschaffen.

Jedoch nicht mit Leichtigkeit ist ein solcher Wechsel der Wirthschaftsart, ein derartiger Uebergang zu dem, unter Umständen einträglichsten Systeme zu erzwingen, zumal die Natur des Ackerbaus selbst ein mächtiges Hinderniss seines Fortschritts bildet, da derselbe ausser dem productiven Urstoffe noch ein bedeutendes Kapital (und viele Arbeitskraft) erfordert [1]).

Die Verschiedenheit, in welcher die drei im Ackerbau wirkenden Produktivkräfte — Natur-, Arbeits- und Kapitalkraft — mit einander verbunden sind, bedingt nämlich allein den Uebergang von dem extensiven zum intensiven Wirthschaftssysteme, da die ganze fortschreitende Entwicklung von der erstern zur letztern Form nur als eine Kette des Wachsthums der Kapital- und Menschenkräfte, namentlich ersterer, im Verhältniss zur Naturkraft betrachtet werden muss.

Der grosse Unterschied zwischen dem Ackerbaue der Jetztzeit und dem der Griechen und Römer des Alterthums, welcher dieselben Entwicklungsstufen, wie jetzt, durchgemacht hat, und bei dem dasselbe Naturgesetz vorwaltete, dass bei Kulturfortschritten die gleiche Bodenfläche immer mehr Arbeit und Kapital verlange, liegt darin, dass die klassischen Völker diese stärkere Intensität der Landwirthschaft viel mehr, als wir, durch Arbeit, viel weniger durch Kapitalzusätze erreichten [2]).

Die Naturkraft ist eine bestimmt gegebene Grösse, die der Mensch nur schützen und pflegen, brauchbar machen und in ihren Wirkungen vermehren, sowie bestimmten Productionszweigen unterordnen kann; die Arbeitskraft auch ist eine bedingt feste Grösse, die sich nur innerhalb bestimmter Naturgrenzen bewegt und deren Vermehrung daher nicht den einseitigen Einflüssen des Landmanns

---

1) Gr. Soden, Nationalökonomie II. pag. 427.
2) Roscher, Ansichten der Volkswirthschaft aus dem geschichtlichen Standpunkte. Leipzig 1861, pag. 16.

unterworfen ist; wohl aber ist es die Kapitalkraft, die der Ackerbauer nach seinem Willen und seinen Wünschen erhöhen und mehren kann, indem er in grösserm Maassstabe entweder eigene Kapitalien auf seinem Grundstücke anwendet, oder fremde darleiht, um vermittelst dieser in Verbindung mit seiner geistigen Arbeitskraft höhere Zinsen zu erzielen, als er selbst zu geben genöthigt ist.

Nicht immer aber stehen ausgedehnte Geldmittel dem vorwärtsstrebenden Landmanne aus eigenem Vermögen zu Gebote, und ist er oft genöthigt, fremde Kapitalien aufzusuchen, um mit deren Hilfe, wie der Kaufmann und grössere Gewerbtreibende, seine Zwecke zu verfolgen. Nun aber machen namentlich die in der Neustzeit mehr und mehr sich entwickelnden gewerblichen Anlagen, welche, auf Actien gegründet, einen höhern Zins dem Privatkapitalisten versprechen bezüglich gewähren, dem Landmanne und seinem Geldbedürfnisse arge Konkurrenz, und entziehen der sichern, aber niedern Anlage zu Gunsten der höhern, aber unsichern die erforderlichen Geldmittel.

Auch die seit den jüngsten Jahrzehnten sich in allen europäischen Staaten mehrenden Staatsanleihen wirken nachtheilig auf den ländlichen Hypothekarkredit ein durch die grössere Sicherheit, welche die meisten Staaten gegenüber dem einfachen Privatmanne zu bieten vermögen.

Welche Wirkungen auf den Hypothekarkredit in dieser Hinsicht die, durch das Preuss. Abgeordnetenhaus in Verbindung mit der Regierung angestrebte gänzliche Aufhebung der Zinsbeschränkungen für Darlehen auf unbewegliche Pfandobjecte haben wird, ist vorläufig noch nicht zu ersehen, wenn gleich die Theorie sich fast allgemein für Aufhebung der sog. Wuchergesetze ausgesprochen, und auch die Erfahrung aus den Staaten, wo dies schon vor längerer Zeit geschehen, keine nachtheiligen Folgen gemeldet hat.

Dennoch wird die nothwendige Consequenz wohl die sein, dass wenigstens zunächst und vorzüglich in denjenigen Provinzen des preussischen Staats, welche an sich keinen Geldüberfluss haben, wie dies in den östlichen der Fall, und wo es schon jetzt mit Ausnahme der Landschaftskapitalien und einiger Stiftsgelder factisch unmöglich ist, ein Realdarlehen innerhalb pupillarischer Sicherheit zu weniger als 5% jährlicher Zinsen zu erhalten, der Hypothekenzinsfuss bedeutend steigen wird, sofern nicht die Gründung bezüglich Ausdehnung der landwirthschaftlichen Kreditanstalten und eine Aenderung der bestehenden Hypothekengesetzgebung den landwirthschaftlichen Real- und Personalkredit dort zu erleichtern und das ländliche Gewerbe überhaupt noch rentabel zu machen vermögen, und sofern nicht das thörichte Streben unserer ostpreussischen Landwirthe (worunter jedoch nicht allein die Bewohner der sog. Provinz Ostpreussen allein zu verstehen sind, sondern alle den östlichen Provinzen Preussens Angehörige) aufgegeben wird, mit geringem eigenem Kapitale umfangreichen Grundbesitz zu erwerben, und ohne eigenes oder ungenügendes Betriebskapital und mit bedeutender Realschuld die Wirthschaft anzutreten. Das Anlagekapital verzinst sich in den bessern Gegenden der Provinz Ostpreussen nicht höher als mit $3\frac{1}{2}-4\%$, wogegen das Betriebskapital bei verständiger Verwendung sich durchschnittlich mit 10 und mehr Prozenten in unserm, an sich fruchtbaren Boden ohne Berücksichtigung etwaiger Fabrikgeschäfte rentirt.

Ein solches grösseres Kapital- und Kreditbedürfniss der Landwirthschaft findet Lette[1]) auch vollständig in solchen Landestheilen erklärlich, welche in einer rascher vorschreitenden und relativ grössern Entwicklung begriffen sind, als die schon hoch kultivirten, in einem gewissen Beharrungszustande befindlichen Districte. Thatsächlich hat sich aber namentlich in den östlichen Provinzen Preussens die Landkultur in Verbindung mit Einführung edler Vieh- und Schaafstämme und menschliche Arbeitskraft sparender Maschinen in den letzten Dezennien, wenigstens in einzelnen deutschen Districten, derartig gehoben, dass dieselben ohne die ungünstigern klimatischen Wege- und Arbeiterverhältnisse wohl nicht den besser situirten Gegenden Deutschlands nachstehen dürften.

Diese meine vorstehende Ueberzeugung ist einer ziemlich genauen Kenntniss der allgemeinen landwirthschaftlichen Verhältnisse Deutschlands von den Ufern des Pregel bis zu denen des Neckar entsprungen, und stimmt dieses subjective Urtheil auch mit den Ansichten sachverständiger vorurtheilsfreier Landwirthe überein, welche aus dem Herzen Deutschlands im Jahre 1864 gekommen waren zu unserer alten Königsstadt, um an der 24. Versammlung deutscher Land- und Forstwirthe Theil zu nehmen und die so viel verkannte und geschmähete Provinz aus eigener Anschauung kennen zu lernen.

Die Ansichten mancher gewichtiger Stimmen, dass mit der

---

[1]) Lette, der Realkredit und dessen Reform, abgedruckt in der Vierteljahrsschrift für Volkswirthschaft von Faucher. Jahrgang 1863. I.

grössern Nachfrage nach Geld sich auch das grössere Angebot desselben wohl für die Landwirthschaft finden werde, dass viele Anstalten, welche sichere hypothekarische Unterbringung ihrer Kapitalien brauchen, und die Privaten wohl dafür sorgen würden, dass dem Bedürfnisse der Grundbesitzer nach Geld bei genügender Sicherheit entsprochen werde, dass besondere Kreditanstalten deshalb vollständig unnöthig seien, und dass die Darleiher oder das Pfandobject dann auch keines Kredits werth seien, wenn ihnen kein solcher bei einer geordneten Hypothekengesetzgebung gewährt werde, dürften wohl mit nachstehenden Auseinandersetzungen zu widerlegen sein.

Alle solche Anstalten nämlich haben das Gemeinsame, dass sie die entgegenstehenden Interessen des Gläubigers mit denen des Schuldners zu vereinen suchen, dass sie die Aufgabe haben, den Grundbesitzern Kapitalien zu verschaffen und die Vermittlung zwischen ihnen und den Kapitalisten zu übernehmen.

Das Interesse der Grundbesitzer liegt nämlich darin:
1) Dass ihnen das Kapital nicht leicht gekündigt werde.

Da der Landwirth in der Regel nur eine Ernte im Jahre, folglich auch nur einmal bedeutende Einnahmen hat, so kann er das in das Gut hineingesteckte Kapital der Natur des Landbaus nach auch nicht in kurzer Zeit in voller Grösse wieder herausziehen, um es in Folge einer Kündigung seinem Gläubiger zurück zu zahlen, sondern das Kapital wirkt im Grund und Boden verständig angelegt dauernd, „erscheint zwar gewöhnlich mit Wucherzinsen wieder, ist jedoch sein Ersatz oft ungewiss und fehlt oft in dem natürlichen Zeitpunkte" [1]).

Die von Soden so genannten Wucherzinsen beschränken sich nun in der Regel aber, ausser auf den nothwendigen, stets niedrig gerechneten jährlichen Zins für das entlehnte bezüglich angelegte eigene Kapital, nur noch auf einen minimen Theil der aufgewendeten Summen behufs Rückerstattung des Darlehns in dem geringen Unternehmergewinne und dem Lohne für angewendete geistige und physische Arbeit.

Der Landmann kann daher ein Kapital, welches er zur Verbesserung bezüglich zum Ankauf seines Grundstücks angelegt hat, erst nach einer längern Reihe von Jahren zurückzahlen, wenn er nicht dasselbe durch ein neues Darlehn von einem neuen Gläu-

---
1) Soden, Nationalökonomie II. pag. 427.

biger ersetzen will, oder wenn er nicht ein anderes Vermögen, das er zur Zeit des Entnehmens noch nicht besass, oder nicht erheben konnte, flüssig zu machen vermag.

2) Dass sie das Kapital in kleinen Quoten, wie sie aus den jährlichen Ueberschüssen des Ertrags erhalten werden, zurückzahlen, und dadurch ihre finanzielle Lage durch Abzahlung der Schulden allmälig bessern können.

Ist der Landwirth genöthigt, seine Hypothekenschulden auf einmal an den Gläubiger zurück zu zahlen, - so kann er dies nur dadurch bewerkstelligen, dass er die zurück zu gewährende Summe anderwärts wieder als Darlehn aufnimmt und einen zweiten Gläubiger an Stelle des ersten setzt. Der Ackerbau erlaubt nicht durch den event. Verkauf der Erwerbserzeugnisse oder durch den Umsatz der eingekauften Waaren die ganze dafür auf Grund und Boden schuldige Geldsumme auf einmal wieder zu ersetzen und damit auch an den Gläubiger zurückzuzahlen. Die in der Landwirthschaft angewendeten Kapitalien treten überhaupt nur in minimen Grössen im wirklichen Betriebs- und Nutzkapitale zu Tage; der überwiegend grösste Theil desselben ist dem gewöhnlichen Auge verborgen und zeigt sich nur theilweise in den jährlichen Ernteerzeugnissen als Produkt der durch Kapital und Arbeit in ihren Wirkungen vermehrten bezüglich mehr nutzbar gemachten Naturkraft.

Es sagt daher auch M. Wolowski[1]), dass sowohl die Zinsen, welche der Handel ohne Mühe zahlen kann, das Grundeigenthum erdrücken, als auch die Zurückzahlung des Kapitals, welche dem Kaufmann und Gewerbtreibenden leicht, „zu oft eine Ursache des Ruins für den Grundbesitzer sei."

Die kleinen bei der jährlichen Bilanze sich ergebenden Ueberschüsse kann der Landwirth nur, wenn ihm die allmälige Amortisation des Leihkapitals nicht gestattet ist, auf zweifache Weise wieder productiv anwenden, indem er dieselben nämlich in stehendes Kapital umwandelt, oder als umlaufendes Gebrauchskapital erhält.

Das bewegliche Kapital kann nur in sehr geringem Maasse wachsen, während das stehende Kapital Dasjenige ist, welches hauptsächlich sich vergrössert, in dem sich nicht allein der steigende Wohlstand einer Nation, sondern auch jedes Einzelnen zeigt, da von Zeit zu Zeit alle Ersparnisse sich in fixes, in wieder neue

---

1) Wolowski, de la mobilisation du crédit foncier. Paris 1839, pag. 5.

Werthe erzeugendes Kapital umwandeln. Derartige feste Kapitale sind aber nur solche, welche an einen bestimmten Ort gebunden sind. Will der Landmann also seine Ersparnisse, sein umlaufendes Kapital, durch die Verwandlung in stehendes wieder productiv anlegen, so kann er dies entweder selbst in seiner eigenen Wirthschaft thun, dadurch dass er neue Meliorationen vornimmt, neue Gebäude errichtet, neue gewerbliche Anlagen etablirt u. s. f., oder er kann es thun, indem er seine Kapitalien an fremde Orte verleiht und sie dadurch productiv macht.

Wendet er nun die erstere Art an, so giebt er dadurch gewissermaassen ein neues Darlehn seinem Grund und Boden und vergrössert somit, wenn auch aus eigenen Mitteln, die Belastung desselben, ist daher doch wieder nicht im Stande, die neu geleisteten Vorschüsse nach Belieben aus der Wirthschaft zur Abtragung des ursprünglichen Darlehns heraus zu ziehen.

Betritt der Landmann aber den zweiten Weg der Umwandlung in stehendes Kapital, dadurch dass er seine Ersparnisse an fremden Orten verleiht, so ist er dies wieder nur im Stande, indem er die Darlehen auf andere Grundstücke macht, darin sicher in gewerblichen Anlagen festlegt und sich dafür verkäufliche zinstragende Werthpapiere geben lässt.

Diese Anlage allein gestattet dem Besitzer, seine Kapitalien zu jeder Zeit wieder flüssig zu machen und damit seine ursprünglichen Darlehen abzuzahlen. Er ist jedoch dabei dem schwankenden Curse der Inhaberpapiere bezüglich den Schwierigkeiten der Kündigung und Einziehung der auf den Namen ausgestellten Obligationen unterworfen, kann also zu der Zeit, wenn er seine Papiere wieder liquid machen muss, bedeutende Verluste erleiden, durch welche der Gewinn der Zinsen vollständig illusorisch wird, oder aber auch selbst Verluste am Kapitale bei nicht vollständig sicherer Anlage desselben.

Ferner entbehrt der Schuldner hierbei des Zinses vom Zinse, welcher ihm bei der allmäligen Amortisation der Schulden durch den Gläubiger bezüglich durch Tilgungskassen gewährt werden könnte.

Verwandelt nun der Landwirth seine Ersparnisse nicht in stehendes Kapital, sondern erhält sie im Umlaufe, indem er dafür bewegliche Werkzeuge, neue Viehstämme u. dgl. ankauft, oder sie gar in baarem Schatze aufhebt, so verliert er in beiden Fällen die Zinsen derselben, wenngleich er mittelbar im ersten Falle die

Rentabilität seiner Wirthschaft hebt, dabei aber sein Nutzkapital einem allmäligen, bald raschern bald langsamern Verbrauche aussetzt.

3) Dass der Zins möglichst gering sei.

Der Grund und Boden verträgt nicht, wie die Gewerbe der Stoffvertheilung und Stoffveredlung, einen hohen Zinsfuss, weil diese letzten oftmals und in der Regel im Stande sind, die vermehrten Zinsen bezüglich die erhöhten Erzeugungskosten auf die Consumenten ihrer Producte abzuwälzen, während der Landwirthschaft solche Möglichkeit nur in sehr vereinzelten Fällen und in sehr beschränktem Maasse zu Statten kommt, da die Concurrenz der Gewerbsgenossen in allen Ackerbau treibenden Ländern durch die internationalen Handels- und Verkehrsverhältnisse zu gross und der Absatz der ländlichen versendbaren Producte nicht auf ein enges Verkehrsgebiet angewiesen ist.

Auch beansprucht der Realkredit, welchen der Landmann seinem Gläubiger stellt, an sich schon einen geringern Zinsfuss, als der Personalkredit, den der Gewerbtreibende und Kaufmann mehr oder weniger erhält. Die erhöhete juristische Sicherheit der landwirthschaftlichen Hypothekenforderungen giebt dem Ackerbauer daher ein gewisses Recht, bei Normirung des Zinsfusses berücksichtigt zu werden.

Ferner verlangt schon der Umstand, dass der Reinertrag der Landwirthschaft in sehr enge und bestimmte Schranken eingegrenzt und eine Steigerung desselben nicht von dem mehr aufgewendeten Kapitale, sondern von dem Preise der erzeugten Producte abhängig ist, wie dies Roscher treffend nachgewiesen hat, einen mässigen Zinsfuss, weil durch hohe Zinsen der Reinertrag verhältnissmässig über Gebühr geschmälert wird.

Denken wir uns, sagt Roscher[1]), vier benachbarte Landgüter von gänzlich gleicher Naturbeschaffenheit, das eine S auf vollständig extensive Weise bewirthschaftet, das zweite D nach dem alten Dreifeldersysteme, das dritte M in Feldgraswirthschaft, das vierte F endlich auf intensive Art im Fruchtwechsel.

Diese Güter erzeugen nun

	S	D	M	F
Rohertrag	500 Scheffel,	1200 Scheffel,	3000 Scheffel,	7000 Scheffel,
und betragen die Bewirthschaftungskosten	50 Rthlr.,	300 Rthlr.,	1000 Rthlr.,	3000 Rthlr.,

---

1) Roscher, Nationalökonomik des Ackerbaus § 33. 4. Aufl. Stuttg. 1865.

so wird der Nettoertrag sein, wenn der Scheffel Frucht ¼ Thaler kostet + 75 Rthlr., 0 — 250 Rthlr., — 1250 Rthlr., woraus ersichtlich ist, dass bei solchen niedrigen Fruchtpreisen nur die extensivste Wirthschaft überhaupt einträglich, die letzten beiden Wirthschaftsformen sogar unmöglich sind.

Bei steigenden Kornpreisen würde, falls die Productionskosten dadurch in demselben Grade zunehmen, das Reinertragsverhältniss der verschiedenen Wirthschaftssysteme unter einander gleich bleiben. Dies kann aber nicht sein, weil nur einige Elemente der Kornproductionskosten durch das Steigen des Kornpreises entsprechend vergrössert werden, andere davon ganz unabhängig sind und wieder andere sich sogar in umgekehrter Richtung verändern. Wir stellen daher in der Fortsetzung unserer Rechnung neben jede Verdoppelung des Kornpreises nur eine Vermehrung der Wirthschaftskosten um das Anderthalbfache.

Beim Preise von ½ Thaler pro Scheffel Frucht gestaltet sich das Verhältniss dann so:

	S	D	M	F
Rohertrag	250 Rthlr.,	600 Rthlr.,	1500 Rthlr.,	3500 Rthlr.
und Kosten	75 Rthlr.,	450 Rthlr.,	1500 Rthlr.,	4500 Rthlr.,

so dass als Reinertrag verbleiben
+ 175 Rthlr., + 150 Rthlr., 0 — 1000 Rthlr.

Beim Preise von einem Thaler pro Scheffel sind
Roherträge 500 Rthlr., 1200 Rthlr., 3000 Rthlr., 7000 Rthlr.
und die Kosten
112,⁵ Rthlr., 675 Rthlr., 2250 Rthlr., 6750 Rthlr.,
so dass die Reinerträge sind
+ 387,⁵ Rthlr., + 525 Rthlr., + 750 Rthlr., + 250 Rthlr.

Dieses Beispiel giebt daher den Beweis, dass auf niedern Kulturstufen und bei niedern Kornpreisen offenbar die extensivern Ackerbausysteme vortheilhafter sind; bei höhern Preisen und auf höhern Kulturstufen die intensivern, bei denen die Menschen- und die Kapitalkräfte über die Naturkräfte vorwiegen.

Höhere Kultur und die damit verbundenen höhern Fruchtpreise haben nun erfahrungsmässig eine Vermehrung des Kapitals zur Folge und gemäss des Grundsatzes vom Angebot zur Nachfrage ein Sinken des Kapitalzinses d. i. des Preises für die Kapitalnutzung.

Preis ist nämlich der Tauschwerth eines Guts gegenüber einer andern Waare, bei der jetzt herrschenden Geldwirthschaft gegenüber dem allgemeinen Werthmesser, dem Gelde. Durch jede Veränderung des Tauschwerths des Geldes wird daher in der Regel der Preis aller andern Güter alterirt.

Wenn daher der Kapitalzins dauernd steigt, so sind Arbeit suchende Kapitalien weniger vorräthig und die Fruchtpreise in der Regel im Sinken, so dass damit dann die intensivere Wirthschaftsform in den Hintergrund gedrängt und auf die Dauer die Verwendung von Geldern im ausgedehnten Massstabe zu Gunsten der Landwirthschaft beschränkt wird.

4) Dass ihnen die Beschaffung des Kapitals möglichst kostenfrei gemacht werde oder wenigstens mit den geringsten Kosten verbunden sei.

Wo die Gelddarlehen auf Grund und Boden knapp sind, wo der Landmann Tage und Wochen lang herumlaufen muss, um ein Darlehn zu erhalten, wie es leider in den östlichen Provinzen des preussischen Staats noch immer der Fall ist, da ist die unabweisbare Folge, dass der Schuldner sogenannten Agenten in die Hände fallen muss, die gegen hohe Provisionen die Besorgung der nöthigen Gelder und oft nur gegen ein bedeutendes Agio Seitens der Darleiher übernehmen bezüglich vermitteln.

Die Menge der landwirthschaftlichen Konkurse und Subhastationen in den östlichen Provinzen Preussens sind mit eine nothwendige Consequenz dieser hohen Agios und Provisionen, die sich oftmals bis auf 10—20 % des Darlehns belaufen.

5) Dass auch die kleinsten von ihnen befähigt seien, Kapital auf Hypothek zu erhalten, und nicht dem grossen Grundbesitzer ein Vorzug eingeräumt werde.

Leider geschieht es aber bei allen hypothekarischen Privatdarlehen, dass der Gläubiger sein Geld lieber auf grossen Grundbesitz ausleiht, als auf kleinen, weil er naturgemäss lieber mit einem Schuldner und mit einmaliger Unterbringung des Kapitals zu thun haben will, als mit mehren und mit oftmaligen nicht zu vermeidenden Unbequemlichkeiten.

Mit dem Fortschritte der intensiven Wirthschaftsführung, mit dem daran geknüpften grossen Kapitalbedürfnisse werden aber die Güter nothgedrungen immer kleiner werden müssen, da immer weniger Menschen die nothwendigen Kapitalien besitzen werden, um grössern Grundbesitz zu erwerben und erfolgreich zu bewirthschaften; es wird daher immer mehr das Bedürfniss auch für den kleinern Besitzer sich herausstellen, Geld auf Hypothek aufzunehmen.

6) Dass auch die landwirthschaftlichen Güter befähigt seien, bis zu einem ziemlich hohen Betrage ihres Werths Kapitalien ihren Besitzern zu verschaffen.

Einer solchen Werthbestimmung geht wohl allgemein eine Schätzung des Grundstücks voraus, da wohl selten bei sichern Kapitalanlagen Seitens des Gläubigers der letzte Kaufpreis oder der Pachtschilling allein in Berücksichtigung genommen wird.

Die Schätzung kann nun eine dreifache sein:
entweder eine solche durch Organe des Staats, welche fast immer anderer Zwecke halber, namentlich der Grundsteuererhebung wegen, vorgenommen wird und mit gehöriger Sorgfalt ausgeführt in den Katastern einen ziemlich sichern Anhalt über den Reinertrag eines Grundstücks gewährt, weshalb auch thatsächlich der landschaftliche Kreditverein für das Königreich Polen eine solche Taxe zur Grundlage seines Kredits angenommen hat, und auch W o l o w s k i eine solche in seiner 1839 in der Akademie der Wissenschaften zu Paris gehaltenen Rede de la mobilisation du crédit foncier als Maassnahme für den Ertragswerth der Grundstücke vorgeschlagen;
oder eine solche durch besondere Organe der Leihinstitute ausgeführte, über welche weiter unten ausführlicher gesprochen werden soll;
oder eine private, durch den Gläubiger selbst bewerkstelligte, sobald derselbe nämlich so viele landwirthschaftliche Kenntnisse besitzt, um eine solche vornehmen zu können.

Diese letztere Art der Schätzung, welche nur auf ganz individuellen Anschauungen beruht und oft Affectionswerthe für wirkliche Gebrauchswerthe ansieht, hat nur für jeden einzelnen Fall der Beleihung Werth und constatirt nicht den wahren Nutzwerth des fraglichen Grundstücks, soweit derselbe für die Gesammtheit von Interesse ist. Wohl aber haben die andern beiden Abschätzungen gegründeten Anspruch auf das Vertrauen der Kapitalisten und der Grundbesitzer, sofern nämlich nicht Prinzipien dabei verfolgt werden, welche den Zeitverhältnissen nach den Grundwerth herabdrücken.

Hat nun aber eine solche Schätzung stattgefunden, so wird es dennoch dem Geldbedürftigen schwer werden, Kapitalien zu erhalten, wenn die ersten Stellen der Hypothek bereits vergeben sind, weil bei der natürlichen Aengstlichkeit aller Kapitalisten, die kein eigenes Urtheil über die Ertragsfähigkeit des Grund und

Bodens haben, und bei dem jetzt herrschenden und berechtigten Prinzipe der Priorität in den Hypothekenforderungen die Darleiher vorzugsweise die ersten Stellen der Hypothek beleihen und es daher schwer fällt, zu den spätern Stellen noch Geld in erforderlicher Menge zu erhalten.

Diesen Interessen der Grundbesitzer stehen nun die der Kapitalisten diametral entgegen. Diese wollen nämlich

1) Dass ihr Kapital leicht kündbar sei, damit sie es bei plötzlich auftauchender Aussicht auf bessere Anwendung schleunigst zurückerhalten können.

Dieser berechtigten Forderung des Privatgläubigers ist aber nur auf dem Wege der Gesetzgebung oder mit Hilfe einzelner Kreditanstalten, welche Schuldobligationen au porteur auszugeben berechtigt sind, zu entsprechen. Denn wenngleich die meisten realen, auf den Namen lautenden Privat-Dokumente die halbjährige Kündigung des Kapitals dem Gläubiger gestatten, so können doch bei Zahlungsunfähigkeit des Schuldners von der Zeit der Kündigung bis zu dem Augenblicke des wirklichen Empfangs des Geldes oftmals Jahre vergehen, während derer der Gläubiger nur gerichtliche Termine und Kosten hat und ausserdem nicht einmal die Zinsen erhält.

Selbst wenn im günstigen Falle nach Verlauf eines halben Jahres der Gläubiger endlich sein gekündigtes Kapital erhält, so kann doch bis dahin der günstige Augenblick und die vortheilhafte Gelegenheit längst verstrichen sein, wo das Geld mit höherm Gewinn anderwärts angelegt werden konnte.

Die Erfahrung bestätigt daher auch, dass die sicher gehendsten Kapitalisten in der jüngsten Zeit ihre disponiblen Geldsummen lieber in curshabenden Staatsschuldscheinen oder Provinzial- bezüglich Kreisobligationen, für welche letztere in Preussen z. B. der gesammte Grundbesitz der einzelnen betreffenden Kreise haftet und die mit 5 % jährlich in halbjährigen Raten verzinslich zur Erbauung von Kreischausseen auf Beschluss der Kreisvertretung und nach Allerhöchster Bestätigung ausgegeben werden, anlegen, selbst wenn sie, wie bei den Staatsschuld- und Provinzial-Rentenscheinen, einen geringern Zinsgenuss davon haben, als dass sie ihre Kapitalien auf Hypotheken des ländlichen Grundbesitzes festlegen.

2) Dass das Kapital nicht in kleinen Quoten zurückgezahlt werde, sondern dass dies auf einmal und im ganzen vollen Betrage geschehe, um so wieder es besser verwenden zu können.

Erhält der Kapitalist sein Darlehn in kleinen Theilzahlungen zurück, so hat er nicht allein viel Mühe, Kosten und zuweilen auch Reisen, um dasselbe wieder sicher unterzubringen, sondern er kann auch oftmals Einbusse an den Zinsen erleiden, indem es ihm nicht glückt, zu jeder Zeit die disponiblen Summen wieder sicher und productiv auszuborgen und er zuweilen das Geld nicht zinstragend aufbewahren muss, bis sich die günstige Gelegenheit bietet, es wieder vortheilhaft auszuleihen.

Auch zeigt die Erfahrung, dass der Kapitalist in der Regel die Unterbringung kleinerer Summen nicht so emsig betreibt, als wenn er grosse Darlehne zu begeben hätte, da ja kleine Kapitalien auch nur geringe Zinsen abwerfen und diese kleinen Summen selten gebührend geachtet werden.

Was die Kosten belangt, welche die neue Unterbringung der Kapitalien verursacht, so werden dieselben in der Regel wohl durch den Schuldner wieder erstattet, laufen aber dabei doch so manche baare Geldausgaben mit unter, die man sich nicht anständiger Weise vom Schuldner zurückzahlen lassen kann.

3) Dass ihr Kapital einen möglichst hohen Zins trage.

Angesichts der verschiedenen Actienunternehmungen der Neuzeit, welche Kapitalien suchen und durch Dividende und Zins einen grossen Gewinn gewähren, wie dies bei so vielen Eisenbahnanlagen z. B. der Fall ist, scheint wenigstens momentan die Behauptung von Ad. Smith, dass der Kapitalzins immer mehr falle, sich nicht zu bewahrheiten, wenn auch im Allgemeinen in Rücksicht auf die Höhe des Zinsfusses im Alterthume die Geschichte wohl die Lehre der National-Oekonomie unterstützt, dass bei fortschreitender Kultur und mit dem Steigen des Arbeitslohns ein Fallen des Kapitalzinses verbunden sei.

Als Ursache der momentanen Steigerung des Kapitalzinses, welcher in den letzten 25 Jahren sich überall gezeigt und deutlich z. B. an dem Curse der ostpreussischen Pfandbriefe erkennbar ist, die noch im Jahre 1841, also nachdem die früher vierprozentigen Pfandbriefe a. 1838 bei einem Course von 99 gegen Zahlung einer Prämie von 2 % auf $3^1/_2$prozentige convertirt waren, bei $3^1/_2$ % Verzinsung 103 standen und jetzt bei gleich hohem Zinsfusse nur einen Cours von 78—79 haben, wodurch also ein Kapital von 100 Rthlr. im Jahre 1841 — $3{,}^{39}$ Rthlr. Zinsen trug, während dasselbe zur Zeit schon $4{,}^{48}$ Rthlr. Zins ergiebt, ist daher nur die sich jetzt häufiger bietende Gelegenheit zu betrachten, Geld sicher in gemeinnützigen Actienunternehmungen oder Staatsschuldscheinen etc. anzulegen, also das vermehrte momentane Angebot zur Nachfrage.

Der Kapitalist sucht nun natürlich den grösstmöglichen Gewinn aus dem Darleihen seines Kapitals zu ziehen, soweit sich dies mit der Sicherheit des Darlehns überhaupt verträgt.

4) Dass ihr Kapital möglichst sicher untergebracht werde. .

Unter allen Darlehnen, welche überhaupt vorkommen können, sind die auf Grund und Boden jedenfalls die sichersten, weil der Boden nicht beliebig vermehrbar ist, der vorhandene daher für die sich vergrössernde Bevölkerung einen grössern Werth haben muss, weil in Folge des fortschreitenden Bedürfnisses an Bodenprodukten für die wachsende Bevölkerung und in Folge der intelligentern Wirthschaftsführung auf gleichem Raume die Nutzungs- und Ertragsfähigkeit des Ackers in hohem Grade sich steigert, und weil in Folge des statistisch nachgewiesenen allgemeinen und allmäligen Sinkens des Werths der edlen Metalle auch der Preis der Bodenerzeugnisse sich erhöht.

Diese vorerwähnten Gründe haben deshalb ein geschichtlich nachweisbares Steigen der Güterpreise erzeugt, welches sich voraussichtlich auch noch weiter ausdehnen wird, da die fortwährend wachsende Bevölkerung, die stetige Zunahme der intensiven Wirthschaften, die sich häufenden Communikationswege u. s. w. nicht allein eine weitere Steigerung des Rohertrags, sondern auch des Reinertrags veranlassen werden, sofern nicht die jetzt vorhandenen Quellen des Gold- und Silberzuflusses versiegen und keine neuen entdeckt werden, auch sofern die Benutzung der edlen Metalle zu Geräthschaften des täglichen Gebrauchs noch mehr überhand nehmen und dadurch sich ein constantes Verhältniss zwischen Production und Consumtion derselben herausstellen, der Werth des Geldes sich daher wieder steigern sollte, oder sofern nicht durch verheerende Kriege grosses Unglück über die Staaten gebracht werden sollte.

In welchem Maasse thatsächlich während der letzten 20 Jahre die Kaufpreise der ländlichen Güter und der aus diesen zu ermittelnde Werth derselben gestiegen sind, zeigen deutlich die gezahlten, durch Meistgebot erreichten Pachtschillinge der preussischen ländlichen Staatsdomänen. So brachten im Jahre 1849[1]) die 503 fiscalischen Domänen in 879 Vorwerken mit einem Ge-

---

[1]) Ad. Frantz, die Domänen-Nutzung Preussens, abgedruckt in Hildebrand's Jahrbüchern pro 1864. II.

sammtareale von 1,285,228 Morgen preuss. eine Jahrespacht von 1,527,048 Thalern, d. i. pro Morgen durchschnittlich 1,^{19} Rthlr., während im Jahre 1864 die 509 Domänen in 827 Vorwerken mit insgesammt 1,156,655 Morgen Areal eine Pacht von 2,166,388 Rthlrn., d. i. durchschnittlich pro Morgen 1,^{89} Rthlr. einbrachten, mit andern Worten, die Jahrespacht war pro Morgen preuss. innerhalb 15 Jahren um 0,^{70} Rthlr. gleich 21 Silbergroschen, also um 58 % des Durchschnitts von 1849 gewachsen.

Eine solche Erhöhung der Grundpreise hat aber auch schon in frühern Jahren stattgefunden; so hat man in Frankreich nach Daire [1]) bemerkt, dass ungefähr seit 1500, also seit der Entdeckung Amerika's und der Auffindung der dortigen Goldquellen, von dreissig zu dreissig Jahren sich der Güterpreis verdoppelt habe und diese progressive Steigerung ungefähr bis 1700, also zwei Jahrhunderte hindurch, angehalten.

Bei freien gewerblichen Staatseinrichtungen ohne hemmenden Zunftzwang steigen alle andern Waaren in ihrer Menge mit der Nachfrage, weil sich die Gewerbe bemühen, der vergrösserten Consumtion eine vermehrte und wohlfeilere Production entgegen zu setzen. Dadurch wird nun aber bewirkt, dass der Preis der Waaren sich wesentlich ziemlich gleich bleibt, oftmals durch verringerte Erzeugungskosten sogar fällt, wenigstens durchaus nicht solchen enormen Preissteigerungen unterworfen ist, als der Grund und Boden, der eine stets vermehrte Nachfrage erleiden wird, mit welcher das Angebot der sich gleichbleibenden Menge nicht im Verhältniss stehen kann.

Auch ist die Production aller andern Güter mehr oder weniger der Mode unterworfen; sie verlieren daher am Werthe, wenn sie gar nicht mehr oder nicht mehr in demselben Maasse wie früher begehrt und gebraucht werden.

Der Grund und Boden aber, von dem alle Nährmittel und die Urstoffe der menschlichen Bekleidung abstammen, wird deshalb schon seinen Werth stets behalten, weil die Production der Erde gerade auf solche Stoffe gelenkt werden kann, welche vorzugsweise gebraucht werden.

Unstreitig gehört daher eine Kapitalanlage im Grundbesitze zu den sichersten, die gemacht werden können, da mit dem steten

---

1) Eug. Daire, Economistes Financiers du XVIII. siècle. Paris 1834. Jean Law, Considérations sur la numéraire.

Steigen des Preises der ländlichen Güter auch das Kapital immer sicherer gestellt wird.

Innerhalb der Hypothekendarlehne giebt es nun aber verschiedene Grenzen, welche die Sicherheit der geliehenen Kapitalien bedingen und welche theils in den eigenthümlichen Hypothekenverfassungen jeden Landes, theils in den Verhältnissen begründet sind, in welchen das dargeliehene Geld zum Werthe des Grundstücks steht.

In Hinsicht auf das Letztere liegt es im Interesse jeden Gläubigers, sich vorher auf irgend eine Weise Kenntniss von dem reellen Gutswerthe zu verschaffen, um daraus ermessen zu können, wie hoch er das Grundstück überhaupt für sicher genug für sein Darlehn hält.

In Hinsicht auf die erstere Bedingung der Sicherheit wird der Kapitalist stets darnach streben, bei dem herrschenden Prinzipe der Priorität in den Hypothekenverfassungen sein geliehenes Kapital möglichst zur ersten Stelle, oder wenigstens derselben so nahe wie möglich, eintragen zu lassen. Es werden also die spätern, noch immer innerhalb des reellen Kaufwerths sich bewegenden Hypotheken sicher schwerer Abnehmer finden, als die ersten, weil durch jene schon die Sicherheit des Kapitals mehr beeinträchtigt wird.

Die Interessen der Privatgläubiger und der Grundstücksbesitzer stehen sich also gegenüber, und muss es daher die Aufgabe der Volkswirthschaftspolitik sein, diese Gegensätze so viel als möglich zu neutralisiren und unschädlich zu machen, damit das Kapital, welches vermöge seiner kosmopolitischen Eigenschaft eben so gern dem Ackerbau, als der Industrie und dem Handel dient, die erforderliche Sicherheit, leichte Verfügbarkeit und reichen Ertrag in der Landwirthschaft finden und sich den Gewerben der Urproduction zuwenden könne.

Die Mittel dazu werden nur auf zweifachem Wege geboten
1) durch Gründung bezüglich Erweiterung von ländlichen Kreditanstalten und
2) durch die Gesetzgebung.

Erster Abschnitt.
Die ländlichen Kreditanstalten.

Die Kreditanstalten, welche im Laufe der Zeit und bei dem Bedürfnisse gegründet worden sind, auf leichtere Weise, wie auf dem Privatwege es möglich, den Grundeigenthümern entsprechend Geld zuzuführen und in Hinsicht auf Zins und Amortisation der Schuld Erleichterungen zu verschaffen, auch ausländische Kapitalien herbeizuziehen und dieselben in der inländischen Landwirthschaft nutzbar zu machen, lassen sich je nach den Organen, welche ihre Etablirung veranlasst haben, eintheilen in

A) Anstalten, welche von den Landwirthen selbst ausgegangen sind, und zwar
   I. in ritterschaftliche (landschaftliche) Kreditvereine,
   II. in ländliche Kreditgenossenschaften;
B) Anstalten, welche von Kapitalisten gegründet sind, und zwar
   III. in Hypothekenbanken,
   IV. in Hypothekenversicherungsanstalten;
C) Anstalten die vom Staate ins Leben gerufen sind,
   V. in bäuerliche Kreditanstalten,
   VI. in Nationalhypothekenbanken.

I. Die ritterschaftlichen (landschaftlichen) Kreditvereine.

Die Folgen der Kriege Preussens mit Oesterreich, des aufstrebenden jungen Staats der Hohenzollern mit dem alternden Hause Habsburg, um den Erwerb Schlesiens in der Mitte des vorigen Jahrhunderts, welche sich hauptsächlich auf den Fluren kund gaben, welche die Wechselfälle des langen Streits selbst gesehen, welche vornehmlich durch die Kontributionen und Verwüstungen der beiderseitigen Heere gelitten hatten, machten sich nach dem Hubertsburger Friedensschlusse in der jetzigen Provinz Schlesien so fühlbar, dass die Grundeigenthümer 10 und mehr Prozente Zinsen neben 2—3 % Mäklerlohn entrichten mussten [1], um Kapitalisten zu bewegen, ihnen Geld darzuleihen, mit dem sie ihre Grundstücke im Besitze sich erhalten konnten. Ferner waren während des Kriegs selbst behufs der Kriegsleistungen die Gutsbesitzer genöthigt gewesen, viele Anleihen zu contrahiren, welche in dem, damals durch Friedrich den Grossen gehaltloser ausgeprägten Metallgelde aufgenommen, später aber, nachdem die verschlechterte Münze staatlicher Seits für ungiltig erklärt und eingezogen worden war, in vollwichtigem Courant abgezahlt und verzinst werden mussten, wodurch bedeutende Verluste den Grundbesitzern verursacht wurden.

---

[1] Roscher, System der Volkswirthschaft II, pag. 375, 1.

Die nach dem Frieden faktisch lange Zeit herrschenden niedrigen Getreidepreise selbst endlich waren es, welche verbunden mit den vorerwähnten finanziellen Uebelständen die Erhaltung des Grundbesitzes höchst fraglich machten und daher den Kaufmann Büring in Berlin veranlassten, einen Plan zur Gründung von landwirthschaftlichen Creditverbänden auf dem Prinzipe der Solidarität und unter Aufsicht des Staats dem grossen Könige vorzulegen, einen Plan, der auf den Ideen des Schotten Law basirte, welcher schon eine Verbindung von Grundeigenthümern vorgeschlagen hatte, die bis auf Höhe des halben Werths ihrer Immobilien gegen Münze umwechselbare Obligationen ausgeben sollte [1]). Friedrich II. wies dies Project am 31. März 1767 durch seinen Etatsminister von Hagen zurück, indem „er auf die mit dem Projecte verbundenen Schwierigkeiten zu entriren, nicht für gut fände". Wohl aber nahmen diesen Plan die schlesischen Gutsbesitzer wieder auf und gebührt dem Grosskanzler Grafen von Carmer das Verdienst, die sämmtlichen ritterschaftlichen Güter der Provinz Schlesien im Jahre 1769 zu dem landschaftlichen Kreditvereine für die Provinz Schlesien zu Breslau vereinigt und die Königliche Bestätigung des Verbandes durch Königliches Rescript vom 9. Juli 1770 „zur Rettung des schlesischen Adels aus dem, durch einen fünfjährigen Indult nur vergrösserten, Verfall seiner Güterverhältnisse" erlangt zu haben, wesentlich mit Beibehaltung derselben Einrichtungen, die Büring empfohlen hatte, wobei jedoch das Prinzip der allmäligen Schuldtilgung fortgelassen wurde, und unter Berücksichtigung der Grundlinien und Grundsätze, die König Friedrich in der, an Carmer erlassenen Kabinets-Ordre, Breslau vom 29. August 1769, selbst vorgezeichnet hatte.

Der Zweck dieser Anstalt war, durch solidarische und subsidiäre Verbindung der Rittergutsbesitzer der Provinz, auf welche zuerst der Verein basirt war, die Mitglieder kreditfähig und den Verband selbst zur Mittelsperson zwischen den Hypothekengläubigern und Schuldnern zu machen. Was dem einzelnen Grundbesitzer nicht möglich war mit seinem realen und persönlichen Kredite, das sollte der Gesammtheit der Besitzer im solidarischen Verbande möglich werden, in dem jedes einzelne Mitglied für das Ganze verantwortlich war und mit seinem eigenen Vermögen für die Verpflichtungen des ganzen Verbandes einstehen musste.

---

[1]) Wolowski, De la mobilisation etc. pag. 17.

Die sich bald dokumentirenden wohlthätigen Folgen dieses ersten schlesischen Vereins für das landwirthschaftliche Kapital- und Kreditbedürfniss hatte bald die Gründung ähnlicher Verbände im Nachtrabe, so in der Kur- und Neumark v. 14. Juni 1777, Pommern v. 31. März 1781, Hamburg 1782, Westpreussen 19. April 1787, Ostpreussen 16. Februar 1788, Lüneburg 1791, Esthland, Livland und Kurland 1803, Schleswig-Holstein 1811, beide Mecklenburg 1818, Charkow die russische Reichs-Kommerzbank 1818, in Reval die esthländische Kreditkasse 1818, Posen 15. Octbr. 1821, Gröningen 1823, Königreich Polen 1/13. Juni 1825, Württemberg 25. Septbr. 1825, in den hannöverschen Fürstenthümern Kalenberg, Grubenhagen, Hildesheim 1825, den Herzogthümern Bremen-Verden 1826, Ostfriesland 1828, Neuer Schlesischer Verein 1835, Neuer Creditverein für die Provinz Posen 13. Mai 1857, Neuer Verein in Polen 1838, desgl. in Mecklenburg 1840, Galizien 1842, die landständische Hypothekenbank des Markgrafenthums Oberlausitz zu Bautzen unter Garantie der Gesammtkorporation der Oberlausitzer Stände vom 13. August 1844, der erbländisch-ritterschaftliche Kreditverein zu Leipzig v. 4/13. Mai 1844, in Dänemark 1850, Gotha 1853 und in Westpreussen die neue Landschaft vom 3. Mai 1861 [1]).

Die Einrichtungen aller dieser landschaftlichen Verbände vor ihrer Reform innerhalb der dreissiger Jahre waren wesentlich die gleichen und folgende:

Die Besitzer grösserer, vorzugsweise ritterschaftlicher Güter der verschiedenen Provinzen oder Distrikte traten unter Aufsicht des Staats und unter eigener Selbstverwaltung zu einem Vereine zusammen, indem sie sich solidarisch und subsidiär mit ihren Gütern für die, durch den Vereinsvorstand garantirten, Schulden verbürgten. Die Direction war berechtigt, unter diesen Umständen entweder Pfandbriefe (Schuldscheine), auf den Namen des verschuldeten Guts lautend, auszustellen unter der Garantie, dass dieselben nach einem festen Zinsfusse durch die Anstalt selbst an den Inhaber halbjährig verzinst würden, und diese Pfandbriefe dem Schuldner zur weitern eigenen Verwerthung zu übergeben, oder (wie die Lüneburger Landschaft, bei der jedoch neuerdings die baaren Geldzuflüsse aufgehört haben) die flüssigen Kapitalien direct von den Privaten

---

1) Rau, Lehrbuch der politischen Oekonomie II, § 114, Roscher, System II, § 133, 1.

zum üblichen Zinsfusse gegen Ausfertigung von Schuldscheinen aufzunehmen und dieses baare Geld den Gutsbesitzern auszuleihen, diese also der Versilberung der Obligationen zu entheben [1]).

Die im Verbande der Landschaft befindlichen Güter boten durch ihre solidarische Haft den Besitzern dieser Pfandbriefe die hinlängliche Sicherheit für ihr dargelehntes Kapital.

Die einzelnen Mitglieder des Vereins aber hatten das Recht, nach vorheriger Abschätzung des Reinertrags ihrer Liegenschaften durch sachverständige Organe des Verbandes, bis zu einem gewissen Betrage des ermittelten Taxwerths, der zwischen der Hälfte und zwei Dritttheilen schwankt, durch die Anstalt die Vermittlung von Kapitalien als unkündbare Realdarlehne zu fordern, wofür sie dann ihre Besitzungen bis zur Höhe der Schulden an die Landschaft hypothekarisch verpfändeten. Statt der directen Abschätzung der einzelnen Güter durch landschaftliche Behörden hat zuerst der Kreditverein in Polen 1825 als Basis für die Höhe des offenen Kredits für jedes Grundstück die kapitalisirte Grundsteuer angenommen, wodurch die Verwaltungskosten des Vereins sich bei richtig angelegten Grundkatastern bedeutend verringern und der Staat noch den indirecten Vortheil hat, dass den meisten Grundbesitzern behufs Erlangung eines hohen Kredits eine hohe Grundsteuereinschätzung nicht unangenehm ist, und eine solche Steuer dann wohl die einzige sein mag, über deren Höhe sich die Betreffenden nicht beklagen.

Eine persönliche Verbindlichkeit des Schuldners rücksichtlich der Pfandbriefe fand weder gegen die Landschaft noch gegen den Inhaber des Dokuments statt, so dass das übrige Vermögen des Gutsbesitzers wegen etwaiger Ausfälle nie in Angriff genommen werden konnte.

Die Höhe der Zinsen, welche die Schuldner, sowohl früher wie noch jetzt, direkt an die Landschaftskasse zahlen müssen, um diese selbst stets in Kenntniss zu erhalten, ob der Grundbesitzer auch prompt seinen Verpflichtungen nachkommt und um die Gläubiger nicht von den Schuldnern abhängig zu machen, richtet sich nach der Höhe der Zinsen, welche die Pfandbriefe selbst beanspruchen, wozu noch ein geringes Mehr zur Deckung der Verwaltungskosten und Ansammlung eines Reservefonds geschlagen wird. Der Darlehensnehmer von einer landschaftlichen Kasse muss

---

[1] Mascher, der landwirthschaftl. Real- und Gewerbekredit.

sich daher stets als Mitglied des Gesammtverbandes einer Abänderung des Betrages seiner Leistungen Seitens der Direction unterwerfen. Durch die so erfolgte Ansammlung eines Reservekapitals, welches zur nächsten Deckung etwaiger Verluste dienen soll, und welcher Fonds zur Zeit z. B. bei der Ostpreussischen Landschaft ungefähr 9 % des von ihr gewährten Credits beträgt, haben jetzt die Schuldner bei vielen landschaftlichen Verbänden den Vortheil erhalten, kein Plus über die Zinsen zu den Verwaltungskosten mehr zahlen zu dürfen, da diese aus den bereiten Mitteln der Reserve genommen werden.

Gewisse Mängel, welche diesen Schöpfungen zur Mehrung des ländlichen Kapitals aber anklebten, veranlassten, dass bei der Gründung der Posener Landschaft 1821 ein moderneres, auf freiern Grundsätzen beruhendes System eingeführt wurde, wobei jedoch im Allgemeinen die Grundzüge der ältern Anstalten wesentlich beibehalten wurden.

Das ältere System hatte nämlich nicht in sein Statut die Amortisation der Schuld aufgenommen, sondern blieb diese bei jährlicher gleich hoher Zinsenzahlung der Belasteten an den Verein in früherer Höhe unabänderlich bestehen; ferner gestattete es den Pfandbriefs-Inhabern die halbjährige Kündigung dieser Papiere, wodurch dann die Gesellschaft das benöthigte Geld bei andern Kapitalisten zu suchen gezwungen wurde, was vorzüglich in kritischen und kriegerischen Zeiten mit den grössten Schwierigkeiten und Nachtheilen für den ganzen Geschäftsverband verbunden war.

Das neuere System dagegen, welches nach dem Muster des Posener Vereins auch 1830 in Schlesien, 1839 in Meklenburg und in der Zeit von 1838—1844 (bei Gelegenheit der Herabsetzung des Zinsfusses mittelst der verschiedenen Kabinetsordres (in Ostpreussen vom 21. Dezbr. 1837) von vier auf $3^{1}/_{2}$ % in Folge des allgemeinen Sinkens der Preise für die Nutzung ausgeliehener Kapitalien in den 20ger und 30ger Jahren dieses Jahrhunderts) bei den ältern Verbänden Preussens eingeführt wurde, hob die Kündbarkeit der Obligationen Seitens der Gläubiger auf, und machte dieselben dafür zu verkäuflichen Papieren, die dem Börsenkurse unterworfen sind ohne Legitimationsprüfung, so dass der Gutsbesitzer jetzt sein Gut nur mittelst besonderer Urkunde der Landschaft verpfändet und die von dieser ausgegebenen Pfandbriefe nicht mehr auf ein bestimmtes Gut lauten.

Ferner haben die neuern und reorganisirten Verbände die

Einrichtung aufgenommen, dass die Schuldner neben den jährlichen Zinsen noch eine weitere bestimmte kleine Summe, die zwischen $1/2$ und 1 % schwankt, an die Vereinskasse entrichten müssen. Diese kleinen Beiträge werden gesammelt und von Zeit zu Zeit in festbestimmten Terminen eine Anzahl von Pfandbriefen ausgeloost und mortificirt, wodurch dann zwar einige — nämlich die Güter, deren Pfandbriefe ausgeloost sind — bevorzugt werden, indem sie schuldfrei werden, jedoch ohne Nachtheil für die Sicherheit der Gläubiger und des ganzen Bestehens der Anstalt, indem diese Güter dennoch mit ihren andern Landschaftsschulden im solidarischen Verbande verbleiben.

Auch hat das neuere System die Beschränkung des Instituts auf nur ritterschaftliche Güter beseitigt und gestattet, dass auch bäuerliche Grundstücke bis zu einer meist sehr abweichend normirten Minimalgrenze des Werths dem landschaftlichen Verbande beitreten können. So gestattet z. B. das Ostpreussische revidirte und durch Kgl. Erlass vom 4. August 1849 bestätigte Landschaftsreglement den Beitritt aller landwirthschaftlichen Güter, deren Taxwerth nach landschaftlichen Grundsätzen wenigstens 500 Thlr. ist und die ohne Rücksicht auf Nebenverdienst durch Tagelohn oder andere Nebengewerbe sich noch zu einer selbstständigen Ackerwirthschaft eignen.

Während auch das alte System alle Rittergutsbesitzer eines landschaftlichen Provinzialverbandes zwang, mit ihren Gütern dem Vereine beizutreten, um dadurch die grösste Sicherstellung den Gläubigern zu verschaffen, gleichviel ob diese Güter Geld gebrauchten oder nicht, hob die neuere Einrichtung gleichfalls diese corporative ständische Vorschrift auf und stellte den Ein- und Austritt der Güter ganz in das freiwillige Belieben ihrer Besitzer.

Unläugbar haben diese landschaftlichen, auf Gegenseitigkeit gegründeten Creditvereine vielfache Vortheile und manchen Nutzen zur Zeit ihrer Etablirung und noch bis heute zu geschaffen; denn

1) wurden zur Zeit ihrer Entstehung durch dieselben nicht allein viele alten angesehenen und angesessenen Familien vor ihrem sichern, unvermeidlichen Ruine geschützt, indem dieselben ohne Schwierigkeiten und Kosten die benöthigten Kapitalien vorschussweise erhielten, vor Aufkündigung geschützt waren und niedrige Zinsen entrichten durften; sondern auch durch die Strenge, mit welcher Seitens der Direction gegen die Säumigen verfahren wurde,

sind viele Schuldner zur Ordnung und Wirthschaftlichkeit genöthigt worden.

So sollen nach Friedrichs des Grossen Oeuvres posthumes V, p. 145 ¹), durch die schlesische Landschaft allein damaliger Zeit 400 der angesehensten Familien vor dem Untergange bewahrt worden sein.

Wenn nun andererseits A. Lette ²) dagegen behauptet, dass die bestehenden landschaftlichen Verbände in Ost- und Westpreussen nicht vermocht haben, den, in Folge der französischen Kriege 1806 und 1813 verschuldeten und durch die in den Jahren 1820—1830 ausgebrochenen Krisen bedrohten alten Grundbesitz daselbst zu halten, indem wohl an 80 % der dortigen Rittergutsbesitzer zur Subhastation gekommen und dadurch mehrere Millionen Thaler an Pfandbriefen ausgefallen sind, so sind diese Nothstände wohl hauptsächlich dem bekannten Patriotismus und der, staatlicher Seits nicht genügend anerkannten Opferfreudigkeit der altpreussischen Besitzer zuzuschreiben, die in dem gerechten Drange nach Befreiung von dem französischen Gewaltjoche und in unerschütterlicher Anhänglichkeit an ihr legitimes Königshaus nicht nur die schon hochgespannten Anforderungen des preussischen Provinzial-Landtags vom 5. Februar 1813 treulichst erfüllten, sondern sogar in eigenem Freiheitsdrange übertrafen.

Wie aber überall und stets der Leichtsinn seine Opfer gefordert hat und noch verlangt, so hat der Gedanke, durch den Beitritt zur Landschaft sich ein unkündbares Kapital zu verschaffen und allmälig auf leichte Art seiner Schulden baar zu werden, andererseits auch viele Besitzer veranlasst, um so leichter wieder neue Schulden zu contrahiren und das dargeliehene Geld nicht gerade so zu verwenden, wie es wohl hätte verwendet werden müssen, wovon namentlich der polnische Grundbesitz in den preussischen Provinzen Westpreussen und Posen die schlagendsten Beispiele liefert.

2) Ist dadurch, dass die Hälfte bis zwei Drittheile des Gutswerths mit unkündbaren und niedrig verzinslichen Kapitalien belastet ist, der Wechsel des Grundeigenthums von einer Hand in die andere bedeutend erleichtert.

Wo der neue Käufer erst sich mühsam die Gelder, um seinen

---

1) Roscher, System II, pag. 378, 1.
2) Welcker, Staatslexikon Artikel Kreditverein IV, pag. 216, 19.

Verkäufer auszuzahlen, beschaffen, oder wo er erst zu den Privatgläubigern laufen muss, um diese zu fragen, ob sie auch ihre Kapitalien zu den bisherigen Bedingungen ihm als Selbstschuldner überlassen wollen, da ist der Umsatz des Grund und Bodens erschwert, da gedeiht der reelle Gutshandel nicht, da sind oft die Erben eines verstorbenen Gutsbesitzers nicht im Stande, eine rechtliche Theilung des Nachlasses vorzunehmen, weil eben die Käufer selten sind.

3) Die solidarische Haft, welche alle Mitglieder des Vereins eingehen, bietet eine gegenseitige Controle über die genaue Anwendung der Taxprinzipien bei Abschätzung der Liegenschaften, gewährt fast eine Beaufsichtigung der Wirthschaft des einzelnen Mitgliedes durch die Andern, namentlich insoweit, dass durch Deterioration die Substanz und der Werth des verpfändeten Guts nicht verringert werde, da es jedem Landschaftsgenossen daran gelegen sein muss, den Credit des ganzen Verbandes zu erhalten und nur solche Güter in ihre Verbindung aufzunehmen, welche die mögliche Gewähr geben, dass sie ihren Verpflichtungen nachzukommen im Stande sind.

Ein Ausfluss dieser Controle ist die Wahl der Landschaftsräthe und Taxatoren innerhalb jedes landschaftlichen Kreises durch die bepfandbrieften Gutsbesitzer des betreffenden Bezirks, überhaupt aller Vorstände des ganzen landschaftlichen Verbandes.

4) Die Sicherheit, welche den Gläubigern für ihre Kapitalien, deren Zinsen sie von der Anstaltskasse selbst empfangen, gestellt wird, ist eine dreifache und beruht zunächst in der Spezialhypothek des bepfandbrieften Guts selbst, dann in der Solidarität der zum Creditwerke verbundenen Güter eines Kreises und endlich der sämmtlichen Güter des ganzen Vereins [1]).

Dieser Umstand namentlich ermöglicht der Landschaft auch, Geld zu geringerem Zinsfusse aufzunehmen, als der einzelne Grundbesitzer es erhalten würde. Während nämlich der private Gutsbesitzer schwerlich auch zur ersten Stelle und innerhalb der ersten Hälfte des Gutswerths Gelder unter 5 %, vorzüglich in Ostpreussen, erhält, während selbst die von den obervormundschaftlichen Gerichten verwalteten Pupillengelder nur innerhalb der Hälfte des, durch eine auf den landschaftlichen Prinzipien beruhende Taxe gefundenen Gutswerths, und nur zu 5 % Zinsen ausgegeben wer-

---

1) Welcker, Staatslexicon IV. pag. 211.

den, beträgt der Zins der ostpreussischen Pfandbriefe augenblicklich bei einem Curse von 78 — $3^1/2$ %, d. i. also 4,48 pro Hundert trotz der momentanen Geldnoth, und war derselbe in frühern Jahren, wo diese Papiere al pari und höher standen, gar nur $3^1/2$ pro Hundert.

5) Durch die geringe jährlich zu zahlende Amortisationssumme und die so kapitalisirten Ersparnisse wird die Schuldenlast der bepfandbrieften Güter offenbar kleiner, der Erwerbsgewinn des Einzelnen daher grösser, die Möglichkeit ausgedehnter, neue nutzbringende Anlagen vorzunehmen, und mehrt sich somit auch der Nationalwohlstand im Allgemeinen.

Der Besitzer, welcher die Amortisationsquote ausser dem jährlichen Zinse zu zahlen hat, wird durch diese vergrösserte Last zu vermehrter Wirthschaftlichkeit und Sparsamkeit genöthigt, indem er sich von dieser, durch seinen Eintritt in den Creditverband freiwillig übernommenen Bürde nur durch seinen Austritt wieder lösen kann.

6) Die in Folge der allmäligen Amortisation jährlich stattfindende Ausloosung bezüglich Rückzahlung mehrerer Pfandbriefe zum Nominalwerthe erhält dieses Papier wenigstens in friedlichen Zeiten stets auf einem höhern Curse, als ein solcher sich nach der Cursparität berechnen würde.

Es findet nämlich bei den Pfandbriefen hier dasselbe Verhältniss statt, wie bei allen übrigen, unter pari stehenden Inhaberpapieren. Der Besitzer derselben hat nämlich die Aussicht, für sein, unter dem Nominalwerthe eingekauftes Papier, sobald dasselbe mortificirt wird, den vollen Nennwerth zu erhalten, also an seinem ursprünglichen Kapitale offenbaren Gewinn zu haben. Ferner hat derselbe auch noch die Aussicht, dass sein, unter pari angekauftes Schuldpapier die Möglichkeit gewährt, bei allgemeinem Sinken des Zinsfusses bis zum Nominalwerthe zu steigen, welche Eventualität bei den al pari gekauften Papieren natürlich wegfällt, weil ein Steigen der Obligationen über ihren Nennwerth wegen der möglichen Zinsreduction nicht stattfinden kann, sofern eine solche nicht durch die Anleiheverträge inhibirt ist.

Diese Möglichkeit eines Gewinns nun steigert den Curs aller, unter pari stehenden Schuldverschreibungen bei sonst gleichen Bedingungen der Sicherheit, des Zinses und der Rückzahlung über die Cursparität.

7) Der Gläubiger ist im Stande, durch den Verkauf seiner

au porteur Pfandbriefe an der Börse zu jeder Zeit sein Kapital liquid zu machen; er darf nicht den langwierigen und kostspieligen Weg der Kündigung einschlagen; er kann sein Geld zu jeder Zeit anderwärts da verwenden, wo es ihm für den Augenblick den meisten Zinsgenuss verspricht.

So einschneidend nun auch die Vortheile sind, welche diese ritterschaftlichen Creditvereine sowohl den Gläubigern als den Grundbesitzern gewähren; so günstige Erfolge auch durch dieselben, namentlich in früherer Zeit, als noch weniger Kapital zur Erwerbung und erfolgreichen Bewirthschaftung eines Guts nothwendig war, erzielt worden sind; so vielfach dieselben auch noch in der heutigen Zeit behufs Deckung des Kaufspretiums benutzt werden: so wenig sind dieselben dennoch geeignet, in ihrer zeitigen Gestaltung den ganzen Geldmangel der Grundbesitzer zu beseitigen und demselben vollständige Abhilfe zu verschaffen.

Nach Mascher [1] haben nämlich die sämmtlichen landschaftlichen Creditinstitute in Preussen, z. B. dem Hypothekencredite etwa nur 143 Millionen Thaler zugeführt (welche Summe mit den Berechnungen Richter's [2] ziemlich übereinstimmt, der nach den ihm zugegangenen Mittheilungen der verschiedenen Generallandschaften die Höhe der hypothekarischen Forderungen sämmtlicher preussischer landschaftlicher Verbände um Weihnachten 1862 auf 150,246,880 Thaler feststellt), dazu die durch Gesetz oder Usus von den Sparkassen oder Versicherungsanstalten etc. in Hypotheken anzulegenden Summen mit ca. 60 Mill. Thaler, so dass höchstens 200 Mill. Thaler als der Betrag aller dem Realkredite dauernd zur Disposition stehenden Gelder anzusehen sein dürften. Dem Werthe des preussischen Grundbesitzes von etwa 4500 Mill. Thlr. gegenüber erscheint somit jene Summe äusserst geringfügig. Denn da nach statistischen Ermittlungen durchschnittlich die Hypothekenschuld der grössern Güter, deren Verhältnisse klar darliegen, im Jahre 1857 über 60 % des Werths, also bei gleicher Annahme der Schuldenlast für allen Grundbesitz 2700 Mill. Thlr. betragen hat, so werden durch die vorberechneten 200 Mill. nur äusserst minime Mengen der ganzen Realschuld, nur 8 % derselben, und die fehlenden 92 % durch Privatkapitalien gedeckt, von denen

---

[1] Mascher, der landwirthschaftl. Kredit etc.
[2] Eug. Richter, die landschaftl. Kreditvereine Preussens, abgedruckt in Faucher's Vierteljahrsschrift 1864, I.

nach Lette's Annahmen der zehnte Theil jährlich einem Wechsel und einer Bewegung unterworfen ist.

Bei einer solchen durchschnittlichen Höhe der preussischen Grundschuld, bei einem solch geringfügigen Antheile, den die Landschaften an der Befriedigung des Kapitalbedürfnisses nehmen, fällt es dennoch schwer, auf Grundstücke, welche bereits bis zur Hälfte oder mehr ihres, durch die Landschaft ermittelten Werths durch ein privilegirtes Institut beliehen sind, von Privatpersonen Darlehen zu erhalten, wenn nicht mit unverhältnissmässigen Opfern und zu hohem Zinsfusse. Die Erfahrung lehrt nämlich, dass die Kosten der landschaftlichen Sequestrationen und die vom Sequestor vorgenommenen Meliorationen, wozu derselbe ohne gerichtlichen Auftrag berechtigt ist, den ganzen Gutsertrag absorbirt haben, so dass bei den folgenden Subhastationen die, der Landschaft nachfolgenden Realgläubiger mit ihren Forderungen ausgefallen sind.

Alle diese landschaftlichen Vereine haben überdiess, lediglich auf dem Realkredite beruhend und ohne jede Berücksichtigung des Personalkredits, mit ihren Taxprincipien und mit ihrem Beleihungsmodus nicht gleiche Fortschritte mit der Vervollkommnung des landwirthschaftlichen Gewerbes gehalten. Ihre den Taxen zu Grunde gelegten Preistabellen für die landwirthschaftlichen Produkte und die thierischen Erzeugnisse, ihre reglementarische Feststellung der Durchschnittssätze für die verschiedenen Bodenklassen und Bodennutzungen eines Bezirks, ihre festen Maximalsätze für alle Gutsgebäude, die ohne Rücksicht auf die veränderten Wirthschaftsmethoden, Feldereintheilungen und Fruchtfolgen, wie auf die verbesserten Absatz- und Communicationswege ziemlich constant beibehalten sind, entsprechen zur Zeit nicht mehr den, im Durchschnitte der Jahre mehr ausgeglichenen und beständiger gewordenen factischen Preisen, den durch mannigfache Meliorationen z. B. Mergeln, Drainiren etc. erhöhten Bodenerträgen und den, mit den werthvollern Vieh- und Schafstämmen Hand in Hand gehenden kostbarern Gutsgebäuden.

Die Beleihung bis zur Hälfte (nur Ostpreussen, Pommern, bezügl. Schlesien beleihen in Preussen bis zu zwei Drittheilen) des, in Folge dieser niedrigen Taxvorschriften gefundenen Gutswerths steht nicht in richtigem Verhältnisse zu dem wirklichen, heute gezahlten Kaufpreise, wie die regelmässige Uebersteigung der Taxe durch den Kaufschilling um 40 bis 60 % ergiebt. Und selbst wenn diess der Fall wäre, wenn die Taxen zeitgemäss modernisirt, wenn die Darlehne bis zu grösserer Höhe des Kaufwerthes bewilligt würden, so geht das Kapitalbedürfniss der heutigen Landwirthschaft doch weit über diejenigen Grenzen hinaus, als dass sie der Realkredit, und wenn er noch so reichlich flösse, befriedigen könnte; so bieten die Kreditvereine doch dem Landmanne durchaus keine Gelegenheit, etwaige vorübergehende Geldkalamitäten zu beseitigen; so ersetzen sie doch in keiner Weise dem Ackerbau die Vortheile, welche Handel und Industrie durch die Errichtung der kaufmännischen Banken seit langen Jahren genossen haben.

Zwar ist nach Emanation der allgemeinen deutschen Wechselordnung fast Jedermann, also auch dem Landwirthe, die Benutzung der Bankinstitute freigestellt und ihm die Begebung von Wechseln und die Aufnahme von Lombarddarlehen gestattet. Ihm fehlt aber, wenigstens dem kleinern Grundbesitzer, die Bekanntschaft und das Vertrauen in seine Zahlungsfähigkeit; mit seinen Verhältnissen sind die Vorsteher der grossen Bankinstitute nicht vertraut, sie weisen daher seine Wechsel zurück, wenn nicht der Name eines bei der Bank accreditirten Mannes auf denselben als Garant steht. Selbst bei hinlänglichem Bankkredite ist es dennoch für den Landmann sehr misslich, Wechsel bei den Staats- oder Actienbanken zu verkaufen, weil er selten im Stande ist, ein auf Wechsel erhaltenes Darlehen nach der üblichen dreimonatlichen Frist zurückzuzahlen, da er es nicht, wie der Kaufmann, mit der Gütervertheilung, sondern mit der Gütererzeugung zu thun hat, und er auf eine Berücksichtigung Seitens der Bank bezüglich eine Prolongation des Wechsels nicht rechnen darf. Noch viel weniger kann der Ackerbauer des Vortheils eines Lombardanlehens der Weitläufigkeit wegen theilhaftig werden, da er mit Ausnahme von Werthpapieren und leicht transportabeln Werthobjekten selten in der Lage ist, andere verpfändbare Gegenstände am Sitze des Bankinstituts in Eigenthum zu haben.

Der Personalkredit des Landmanns, der eben so gut, wie jeder andere Kredit
    in der Fähigkeit des Kreditsuchenden, seinen Verpflichtungen
        nachzukommen,
    in dem Willen desselben, dies zu thun, und
    in dem öffentlichen Glauben und der Meinung dritter Personen,
        dass Fähigkeit und Wille vorhanden seien,
beruht, liegt ganz darnieder, während doch offenbar die Fähigkeit

des Landwirths, seinen übernommenen Obliegenheiten zu entsprechen, gewiss schon in Folge seines Grundbesitzes, der darauf geleisteten Anzahlung und der daraus entspringenden Anhänglichkeit an Grund und Boden eine grössere ist, als die des Kaufmanns, der oft mit geringem Vermögen sein Geschäft etablirt und bedeutenden Kredit beansprucht und erhält.

Um dem Landmanne, vorzüglich dem kleinen, nun die Gelegenheit zu geben, auch seinen persönlichen Kredit zur Geltung zu bringen, ist die zweite Art der gegenseitigen Kreditanstalten, die ländliche Kreditgenossenschaft, berufen, die daher eigentlich Nichts mit dem wirklichen Realkredite zu thun hat.

II. Die ländlichen Kreditgenossenschaften.

Sie sind so recht Produkte der Neustzeit, gegründet auf der Erkenntniss der Nichtzulänglichkeit der bisherigen Kreditinstitute und der unzureichenden Hilfe, welche die kaufmännischen Banken dem Personalkredite des Landmanns, namentlich dem kleinern, gewähren. Ihre Basis ruht auf der durch Hermann Schulze-Delitzsch, z. Zeit in Potsdam, und Victor Aimé Huber in Wernigerode gepredigten Selbsthilfe der einzelnen Gewerbtreibenden, auf der von diesen beiden Männern namentlich durch Lehre, Anweisung und Mithilfe zuerst ins practische Leben hinübergeführten Kreditfähigkeit auch der kleinern Gewerbtreibenden und Arbeiter, erzeugt durch freie Assoziation zu gemeinsamen Zwecken und zur Verbesserung der wirthschaftlichen Lage ihrer Mitglieder.

Die Gründung solcher Genossenschaften geschieht in der Regel in der Art, dass mehre kleine Gewerbtreibende in einer Gegend zusammentreten, sich solidarisch und subsidiär für die Schulden und Verpflichtungen des Vereins derartig verpflichten, dass Einer für Alle und Alle für Einen einstehen, ein geringes Eintrittsgeld und minime monatliche Beiträge zur Begründung des Geschäfts einzahlen und mit dem Rechte des ziemlich unbeschränkten Ein- und Austritts einen sogenannten Vorschussverein bilden, welcher die Aufgabe hat, zunächst aus den Einlagen der Vereinsgenossen selbst an andere Mitglieder des Verbandes zu höherm Zinsfusse, als ein solcher den Theilhabern selbst zu gut geschrieben wird (in der Regel zwischen 6 und $14^{1}/_{2}$ % incl. der Provisionen), und auf kurze Zeit Darlehne gegen einfachen Schuldschein mit Bürgschaft von einem oder zwei andern Vereinsgenossen, oder gegen gezogene oder trassirte Wechsel auszuborgen, dann aber auch fremde Kapitalien und Spareinlagen der Mitglieder aufzusuchen und zum landesüblichen Zinsfusse, der durchschnittlich sich nach Schulze auf $4^{1}/_{2}$ % berechnen lässt, zu verzinsen, um so sein Leihgeschäft immer weiter ausdehnen zu können [1]).

Die solidarische Haftbarkeit, welche alle derartigen Genossenschaften behufs Erlangung eines auswärtigen Kredits angenommen haben, und welche sich auch thatsächlich den Vereinsgläubigern gegenüber über alle Erwartung bewährt hat, bietet den Kapitalisten die genügende Sicherheit für ihre Darlehne, da die Gesammtheit der Vereinsgenossen diejenigen Ausfälle trägt und zu tragen im Stande ist, welche den einzelnen Schuldner treffen können.

Dennoch hat diese Solidarität anfänglich die Wirkung gehabt, dass derartige Vorschussvereine zuerst nicht aufkommen oder sich wenigstens nicht halten konnten, und dass die primitiven Schöpfungen nur solche Personen zu Mitgliedern zählten, welche vollständig besitzlos waren.

Jeder Gewerbtreibende, welcher schon etwas mehr sein Eigenthum nannte, als sein ärmerer Gewerbsgenosse, trat mit einem gewissen Soupçon in die Genossenschaft ein, fürchtend, dass die Zahlungsunfähigkeit des einen Mitgliedes ihn zum Ersatze des Verlustes heranziehen würde. Die gleiche Geldbedürftigkeit der verschiedenen reichern oder ärmern Klassen, die verhältnissmässig gleichen Vortheile, welche die Genossenschaft dem mehr oder weniger Besitzenden gewährt, der thatsächlich äusserst selten vorkommende Ausfall einer Forderung bei zweckentsprechender guter Kassenverwaltung haben allmälig die Furcht vor der gegenseitigen Haftverbindlichkeit schwinden lassen und derartigen Kreditvereinen die heterogensten Elemente zugeführt, so dass ohne solidarische Verpflichtung heute wohl schwerlich ein, auf den Prinzipien der Selbsthilfe beruhender Vorschussverein bestehen kann.

Ausser der erwähnten Solidarität der Mitglieder bieten diese Anstalten den Gläubigern noch für ihre Darlehne Garantien durch ihren angesammelten Reservefonds, durch die Geschäftsantheile der einzelnen Theilhaber, durch die genauen und in kürzern Fristen wiederkehrenden Veröffentlichungen der Geschäftsübersichten, und machen ihre Benutzung durch die Möglichkeit, auch kleine Kapitalien zu einem landesüblichen Zinsfusse sofort productiv anzulegen und sie nach vorheriger Kündigung jeder Zeit zu mobilisiren, angenehm.

---

1) Schulze, Vorschussvereine pag. 47, 109 etc.

Es müssen nämlich alle derartigen Vereine, um eine sichere Grundlage für ihre Geschäfte zu erlangen, und um nicht bei jedem kleinen Verluste gleich auf die Solidarität der Mitglieder zurückgreifen zu müssen, ihr Hauptaugenmerk darauf richten, dass die Genossenschaft selbst ein eigenes Vermögen erwerbe, und zwar in Gestalt eines Reservefonds und des Guthabens der einzelnen Mitglieder.

Zur Ansammlung eines solchen Reservefonds eignen sich nun nach Schulze's trefflicher Anweisung am besten die Eintrittsgelder der neuen Mitglieder und mässige, zwischen 20 und 25 % schwankende Antheile am Geschäftsgewinne.

Die Geschäftsantheile der Mitglieder dagegen, welche, obgleich in der Vereinskasse und in Wirksamkeit für den Verein, dennoch Eigenthum des Einzelnen verbleiben und beim etwaigen Austritte ihnen ausgehändigt werden, setzen sich regelmässig aus den Monatsbeiträgen und den übrigen Dividenden vom Geschäftsgewinne zusammen.

Dadurch nämlich, dass die fremden Kapitalien ihres starken Angebots halber nur landesübliche geringe Zinsen erfordern, dadurch, dass der angesammelte Reservefonds und die Geschäftsantheile direct unverzinst bleiben, aber doch mitarbeiten, dadurch, dass die an die Mitglieder gegebenen Vorschüsse zu höhern Prozentsätzen ausgegeben werden, und endlich dadurch, dass durch die Bürgschaft anderer Vereinsgenossen selten Verluste und Kapitalausfälle vorkommen, muss nothwendig die Genossenschaft selbst, wenngleich die Verwaltungskosten von der Gesammtheit getragen werden müssen, jährlich Gewinne machen, die dann als Dividenden theilweise dem Reservefonds, theilweise den Geschäftsantheilen der einzelnen Mitglieder zu gut kommen.

Die Dauer der Vorschüsse wird [1]) zweckmässig nur auf drei Monate festgestellt, wobei hauptsächlich die Kündbarkeit der selbst aufgenommenen Kapitalien zu berücksichtigen ist, da Niemand länger Kredit geben kann, als er selbst erhält, vorausgesetzt dass er nur mit fremdem Gelde arbeitet. Auf Ansuchen des Schuldners und unter erneuerter Bürgschaft können jedoch die Darlehne, falls nicht Zahlungsverpflichtungen des Vereins dies verbieten, auf weitere drei Monate prolongirt werden.

Der Eintritt in den Verein steht jeder Zeit nach Erlegung

---

1) Schulze, Vorschussvereine pag. 31.

des statutenmässigen Beitrittsgeldes frei; in Hinsicht des Austritts jedoch müssen einige verschärfte Bestimmungen gelten und empfiehlt es sich dieserhalb, dass der Austritt nur am Jahresschlusse nach vorheriger statutenmässiger Kündigung zugelassen werde, damit der Verein die Möglichkeit erhalte, seine eingegangenen Verbindlichkeiten rechtzeitig zu reguliren und sich auf seinen neuen Mitgliederstand einzurichten.

Es bieten diese Anstalten daher nicht allein dem Gläubiger die vorerwähnten Vortheile der sichern Geldanlage, leichten Beweglichkeit und landesüblichen Verzinsung ihres Kapitals, sondern sie verschaffen auch dem Schuldner die Möglichkeit, auf seinen persönlichen Kredit Geld auf drei bis sechs Monate, zwar gegen hohe Zinsen zu erhalten; jedoch kommt der Vortheil dieses hohen Zinssatzes mittelbar wieder jedem einzelnen Mitgliede des Vereins selbst zu gut, da der Darlehnsnehmer als Geschäftstheilhaber gleichzeitig auch der Darlehnsgeber ist.

Was nun aber die kleinen Gewerbtreibenden und Handwerker, auf welche bisher diese Art von Assoziationen hauptsächlich basirt war, mit vereinten Kräften leisten können, das vermögen eben so gut und besser die kleinern und mittlern Grundbesitzer, die doch unstreitig noch eine grössere Sicherheit dem Gläubiger gewähren und eine erweiterte Ausdehnung dem Verbande zu geben im Stande sind.

Thatsächlich hat auch in der letzten Zeit sich das Bestreben unter den Gutsbesitzern gezeigt, sich nicht blos als Mitglieder solchen bereits bestehenden Genossenschaften anzuschliessen, sondern selbstständig aus eigenen Kräften und für eigene Kreise berechnet, derartige Kreditvereine zu gründen. So ist zur Zeit in der Provinz Preussen zu Königsberg ein solcher Vorschussverein im Entstehen, lediglich für Grundbesitzer der, zu diesem Behufe mit einander verbundenen und an einander grenzenden fünf landräthlichen Kreise Königsberg, Fischhausen, Labiau, Pr. Eylaw und Heiligenbeil, um dadurch dem dort tief gefühlten Bedürfnisse nach Hebung des ländlichen Personalkredits auf diese Weise Abhilfe zu verschaffen. Es kann nämlich eine, in einen ungünstigen Zeitraum fallende Zinszahlung, eine plötzlich auftretende Nothwendigkeit, neue Inventarienstücke an Stelle abgestandener anzuschaffen, die sich im Frühjahr und Sommer sehr häufenden Geldzahlungen für laufende und ausserordentliche Ausgaben, oft die Gelegenheit vortheilhafte und passende Ankäufe zu machen, das Bedürfniss nach vorherigen schlechten Strohernten künstliche Düngerzuschüsse dem Boden zu geben, oder früher vernachlässigten Ackerstücken durch Extrazufuhr käuflicher Pflanzennährstoffe aufzuhelfen, das momentane Angebot von menschlichen Arbeitskräften, namentlich in einer nicht mit Arbeitern reichlich genug versehenen Gegend, und viele andere Umstände den Landmann, selbst den begütertsten, zwingen, von seinem Personalkredite Gebrauch zu machen, wie viel mehr nicht den nicht pekuniär Gesegneten.

Ohne die Möglichkeit der Benutzung der kaufmännischen Banken, ohne das Vorhandensein gegenseitiger Kreditgenossenschaften muss der Landwirth dann zu Privatkapitalisten seine Zuflucht nehmen. Diese aber finden sich selten geneigt, dem Grundbesitzer auf seinen persönlichen Kredit Kapitalien auf kürzere Zeit vorzuschiessen, und fallen daher diese entweder dem Wucherer in die Hände und gehen dadurch ihrem unvermeidlichen Untergange sicher und rasch entgegen, oder sie sind gezwungen, Zeitverkäufe von ländlichen Produkten, oft schon der Ernte auf dem Halme, mit späterer Lieferungsfrist und gegen einen vorher vereinbarten niedrigern Preis, als den thatsächlich bestehenden oder bei der Lieferung vorhandenen, abzuschliessen und sich dadurch nicht allein in ihrer Handlungsfreiheit für die Zukunft zu beschränken, sondern auch bedeutende Verluste zu erleiden, die in der Regel viel höher sind, als die von den Vorschussvereinen verlangten Zinsen.

Die Gründung solcher, auch für den Ackersmann berechneten gegenseitigen Kreditgesellschaften sind daher eine zwingende Forderung der Gegenwart; sie können und dürfen nicht immer weiter in die Ferne geschoben werden; sie müssen entstehen selbst dem Sträuben Derjenigen gegenüber, welche aus der solidarischen Haftbarkeit etwaige Nachtheile für ihr persönliches Vermögen befürchten; sie sind in unserer, immer mehr und mehr zur Kreditwirthschaft drängenden Zeit eine Nothwendigkeit geworden.

Segensreich können dieselben jedoch nur dann wirken, wenn sie ohne Unterschied jeden Besitzer einer selbstständigen Ackernahrung in ihren Verband aufnehmen, wenn sie nicht auf grosse weitläufige Districte ausgedehnt, sondern so viel möglich lokalisirt werden, und wenn sie nicht in kleinlicher Furchtsamkeit vor Verlusten den Kredit des Einzelnen beengen, sondern demselben in möglichst grossem Umfange Darlehne gewähren, soweit durch gestelltes Faustpfand, Bürgschaft oder gute Wechsel die Sicherheit des Vorschusses den statutarischen Bestimmungen nach noch vorhanden ist.

„Aller Anfang ist aber schwer" und „Mehre kleinen Kräfte vereint bilden eine Grosskraft." Diese beiden Sprichwörter bewahrheiten sich wohl nirgends mehr, als bei dieser Art von Assoziationen.

Das Vereinsrecht, diese Stütze der bürgerlichen Freiheit, dieses materielle Bedingniss eines gesunden gedeihlichen Staatslebens, dieses Palladium aller constitutionellen Völker, darf bei solchen Assoziationen am allerwenigsten beschränkt und eingeengt werden; hier muss dem Rechte der friedlichen Vereinigung der weiteste Spielraum, die umfangreichste Ausdehnung gegeben werden; hier darf der Staat nicht, die freiheitliche Entwicklung hemmend, auftreten; hier muss das ganze bisherige, aus den Uebergriffen der frühern Polizeiwirthschaft entsprungene Concessionswesen endlich beseitigt werden; hier muss der Staat, die freie selbstthätige Kraftentfaltung der Menschen fördernd, die Gründung solcher volkswirthschaftlichen Vereine gänzlich freigeben, und nur durch Landesgesetz die allgemeinen nothwendigen und daher einzuhaltenden Bedingungen ihrer Entstehung vorschreiben.

Diesem Grundsatze der freien Bewegung und des freien selbstständigen Denkens ohne Leitung von Oben her abhold, in serviler Nachachtung des, Ende der vierziger Jahre von dem preussischen Minister von Rochow aufgestellten und den Elbinger Bürgern auf ihre Petition um Ertheilung einer Verfassung für die preussische Monarchie erwiderten Wortes „vom beschränkten Unterthanenverstande" haben verschiedene deutsche Staaten versucht, seit 1855 etwa auch Preussen unter dem Ministerio Manteuffel-Westphalen, auch auf diesem Gebiet der Assoziationen die polizeiliche Concessionirung unter dem Deckmantel der Bedürfnissfrage einzuführen, und deshalb die bislang gegründeten derartigen Verbände einem polizeilichen Verbote unterstellt. Alle bis dahin in den preussischen Staaten bestehenden Vereine solcher Art opponirten jedoch in gemeinsamer Verständigung gegen diese polizeilichen Maassregeln, sie der richterlichen Entscheidung anheimstellend, und ist es zuerst 1856 der Königsberger Kreditgesellschaft vorbehalten geblieben, im Wege des gerichtlichen Strafprozesses übereinstimmende freisprechende richterliche Entscheidungen in allen drei Instanzen zu Gunsten der Vereinsfreiheit zu extrahiren.

Bei Gelegenheit der vorherigen Besprechung des Concessionswesens ist noch schliesslich des Einwandes zu gedenken, den vielfältig L. Blanc und späterhin F. Lassalle erhoben haben, indem sie bei Gründung derartiger Vereine das Prinzip der Selbsthilfe und die Möglichkeit gedeihlicher Entwicklung eines Vereins auf solcher Grundlage in Abrede stellten und dafür das Verlangen erhoben, dass der Staat diesen Genossenschaften selbst eine Beihilfe durch Staatsgelder gewähre. Denn wenngleich L. Blanc den Staat selbst zu einer Arbeitsanstalt umgestalten, wenngleich Lassalle die Staatsunterstützung vornehmlich den Productivgenossenschaften ertheilt wissen wollte, so hat sich namentlich Letzterer auch vielfältig für die Ausdehnung der staatlichen Hilfe und Gewährung von Staatsgeldern für alle Arten dieser gewerblichen Assoziationen ausgesprochen. Unstreitig ist nun zwar die Existenz und Wirksamkeit derartiger Genossenschaften, welchen Staatskapitalien zum Beginne gegeben werden, rascher gesichert, aber damit auch alle bestehenden wirthschaftlichen Verhältnisse untergraben und zerstört, und sind an Stelle der freien Vereinigungen Staatsanstalten getreten, die leicht gemissbraucht werden können.

„So lange solche Vereine, sagt Schulze[1]), von der Gnade Dritter, von fremdem gutem Willen abhängen, muss ihnen nothwendig die echte Lebensfähigkeit fehlen, welche sie nur erlangen, wenn sie durch eigene Kraft bestehen" und weiter „der Staat als die Gesammtheit der ihm Angehörigen kann keiner Klasse derselben Etwas geben, ohne es den Uebrigen zu nehmen."

Dasselbe Anrecht, welches die Arbeitercoalitionen auf Staatsbeihilfe haben, darf allen andern Klassen der Staatsbürger vermöge der allgemeinen Gleichheit im Staate nicht abgesprochen werden, und würde die natürliche Folge schliesslich dahin führen, dass der Staat alle Arbeit, alle geschäftliche Thätigkeit seiner Unterthanen zu organisiren und zu leiten hätte.

III. Die landwirthschaftlichen Hypothekenbanken.

Die landwirthschaftlichen Hypothekenbanken haben mit den Kreditvereinen das Gemeinsame, dass auch hier sich zwischen Gläubiger und Schuldner eine dritte Macht stellt, welche die Beschaffung der Kapitalien übernimmt und an die sich deshalb die bedürftigen Grundbesitzer zu wenden haben. Darin sind dieselben

---

1) Schulze, Vorschussvereine pag. 2.

jedoch unterschieden, dass bei den ersten diese Vermittlerrolle durch eine fremde neutrale Macht besorgt wird, den zu einem Actienunternehmen zusammengetretenen Kapitalisten, während bei den Kreditvereinen die Grundbesitzer selbst vermöge ihres Vereinsrechts sich zusammenthun und ihren eigenen Kredit, ihre eigene Geschäftskenntniss verwerthen.

Das Wesen und die Einrichtung dieser Banken, die für den ländlichen Realkredit Das sein sollen, was die kaufmännischen Banken für den Handelsverkehr, besteht darin, dass sich Kapitalisten zu einer Actiengesellschaft verbinden und mit den eingezahlten Einlagen und mit aufgenommenen selbstschuldnerischen Darlehnen derartige Bankgeschäfte betreiben, dass sie auf Immobiliarvermögen Kapitalien ausleihen und dadurch nicht allein einen ansehnlichen Zinsgewinn für ihre eigenthümlichen Gelder, sondern auch einen Zinsüberschuss für die aufgenommenen Kapitalien — als Dividende — zu erzielen sich bestreben. Durch den gewerblichen Betrieb solcher Darlehnsgeschäfte treten diese Genossenschaften in die Reihe der Handelsgesellschaften, sind daher dem Handelsgesetze unterworfen, müssen einen, im Namen der Gesellschaft handelnden und deren Firma zeichnenden Vorstand haben, dessen in dieser Weise abgeschlossene Rechtsgeschäfte den, durch staatliche Genehmigung und notarielle bezüglich gerichtliche Aufnahme des Gesellschaftsvertrages zu einer juristischen Person gemachten Actienfonds berechtigen und verpflichten [1]).

Die Bank schätzt bei Anträgen auf Darlehne das betreffende Gut durch ihre Vertrauensmänner ab, oder benutzt vorhandene neuere Taxen bezüglich, wie in Sachsen, vorhandene seit 1838 eingeführte Grundsteuerkataster, aus denen der ermittelte Gutsertragswerth mit 25 oder 30 kapitalisirt wird, oder, wie der Crédit foncier de France, die letzten Pacht- und Kaufpreise. Nach solcher aufgenommenen Taxe beleiht dann die Anstalt das fragliche Gut bis zu einer bestimmten, die Hälfte oder höchstens zwei Drittheile (letzteres nur bei der Caisse des propriétaires und der Caisse hypothécaire) [2]) des gefundenen gemeinen Werths nicht übersteigenden Höhe, wofür sie sich von dem Schuldner Unterpfandsrechte einräumen lässt, in denen sie ihre Bürgschaft für die von ihr ausgestellten Pfandbriefe bezüglich für ihre übernommene Garantie hat.

---

1) Deutsches Handelsgesetzbuch Artikel 208, 229 u. 241.
2) Richter, landwirthschaftl. Kreditverein pag. 55.

Das Ausborgen geschieht nicht, wie bei den kaufmännischen Banken, auf drei Monate nur, sondern für einen längeren, nicht vorher bestimmten Zeitraum; die Verzinsung wird zu mässigen, durch die Concurrenz bedingten Prozentsätzen normirt; das Prinzip der Amortisation der ganzen Schuld durch geringe Mehrzahlungen des Schuldners, welche auf Zinseszins von den Banken wieder begeben werden, ist gleichfalls, wie bei den Kreditvereinen, eingeführt, und auch selbst die Ausgabe von Pfandbriefen, auf den Inhaber lautend und unter Garantie der Bank ausgestellt, in manchen Staaten den Banken gestattet, um so ihre Forderungen selbst zu Cours habenden, leicht verkäuflichen Papieren zu machen und sich ein immer neues Kapital zu weitern Darlehnen zu verschaffen.

So ist die Ausgabe von Pfandbriefen dem Crédit foncier seit 1856, und der Caisse des propriétaires in Belgien erlaubt, und wurde auch von Dr. Engel in Berlin in seinem, weiter unten zu besprechenden Projecte zur Gründung einer Bodenkreditbank in den Preussischen Staaten empfohlen und warm befürwortet.

Die Sicherheit, welche bei den Kreditvereinen die Solidarität der Mitglieder dem Gläubiger bietet, wird bei diesen Banken durch das betreffende verschuldete Gut, auf welches die Obligation lautet, und durch das eingezahlte Actienvermögen der ganzen Gesellschaft gewährt.

Schon J. Law empfahl in seiner, dem schottischen Parlamente 1705 überreichten Denkschrift „Considérations etc." die Errichtung einer, dem Parlamente verantwortlichen, durch eine Committee beaufsichtigten und aus 40 Personen bestehenden Commission in Verbindung mit der 1695 in Schottland durch den Kaufmann John Holland aus London projectirten und durch eine Acte des schottischen Parlaments (Will. III. Parl. 1. § 5) gegründeten Depositenbank, welche das Recht haben sollte, Bankzettel (Papiergeld) zu stempeln und diese gegen Verpfändung von Grundstücken als Geld oder Tauschmittel mit Zwangscours auszugeben. Das Parlament sollte dann bestimmen, ob die Commission die Zettel nach dem gewöhnlichen Zinsfusse auf Grundhypotheken zur Hälfte oder zu zwei Dritttheilen des Werths vorstrecken, oder ob sie für die Zettel dargebotene Grundstücke in festen Kauf ohne Rückkaufsrecht nehmen, oder dieselben unter der Bedingung des Rückkaufs nach Ablauf einer gewissen Reihe von Jahren einstweilen für ihre Rechnung gegen Zahlung des ganzen Preises nach Maassgabe der zwanzigfach jährlich kapitalisirten Revenue übernehmen sollte; jedoch dürfte die Emission des Papiergeldes nur auf Verlangen und nach Nothdurft der Grundbesitzer, und zwar nie mehr als für 50000 *L* auf ein Mal, geschehen und auch nicht wiederholt werden, so lange noch für 25000 *L* Zettel in der Kasse vorräthig wären. Auch sollte der Ertrag, den die Kommission erzielt, zur Ermunterung der Manufacturausfuhr des Landes nur verwendet und zwei Mal im Jahre, zu Pfingsten und St. Martin, der ganze Bankstatus wahrheitsgetreu veröffentlicht werden.

In der Denkschrift setzte Law noch auseinander, dass je mehr Depositen die Bank wirklich ausleihe, desto mehr circulirendes Geld schaffe sie, und desto mehr Nutzen könne aus derselben gezogen werden.

Das schottische Parlament verwarf dies eingereichte Project, und wandte sich daher Law mit einem ähnlichen Vorschlage an das englische Parlament, um die dort, auf Anregung des schottischen Kaufmanns Will. Patterson 1694 wegen der grossen Geldverlegenheiten der englischen Regierung, welche theils in Folge der Fehler und Missbräuche des Abgabensystems und theils in Folge der Schwierigkeit, eine Anleihe zu machen, entstanden waren [1]), gegründete Actienbank mit einem solchen Hypothekenbankzettelgeschäfte zu verbinden, wurde aber auch da abschläglich beschieden [2])[3]). Dennoch muss aber später, nach Mac Culloch, der Vorschlag Law's doch bei der schottischen Bank durchgeführt sein, da dieselbe thatsächlich neben den kaufmännischen Bankgeschäften, die sie betreibt, gegen Verpfändung von Grundstücken den Landwirthen Contocorrent eröffnet hat, welche Art von Geschäfte auch durch die, in Schottland übliche Registrirung der Hypotheken sehr erleichtert wird.

Auch Murhard [4]) hat in seiner Schrift „Ueber Geld etc.", in welcher er gleichzeitig gegen den Vorschlag Soden's zur Gründung einer National-Hypothekenbank polemisirt, schon den Plan einer, auf Actien gegründeten, von den Reichsständen Westphalens garantirten National-Hypothekenbank für das Königreich Westphalen aufgestellt, der aber nicht verwirklicht worden ist.

Ausser diesen Vorläufern sind derartige Banken mit Ausnahme

---

1) Mac Culloch, Geld und Banken Thl. II. Kap. 3.
2) Daire, Economistes etc. Artikel Law pag. 523.
3) Kurtzel, Geschichte der Law'schen Finanzoperation etc.
4) Murhard, über Geld und Münze etc.

der vorerwähnten, von Mac Culloch angeführten schottischen Einrichtung, erst seit den dreissiger Jahren dieses Jahrhunderts ins Leben gerufen worden, und war die erste derartige Anstalt die bairische Hypotheken- und Wechselbank, welche am 1. Juli 1834 gegründet wurde und durch den Staat in der Art eine privilegirte Stellung erhielt, dass sie als die einzige Bank für ganz Baiern hingestellt wurde, wofür sie denn aber auch mindestens $3/5$ ihres Actienkapitals zu höchstens 4% Zinsen hypothekarisch auf Grundstücke verleihen muss, was sie auch gegen doppeltes Unterpfand und gegen Zeitrenten mit mindestens $1/2$% Tilgung thut.

In rascher Folge reihten sich diesem bairischen Muster theils andere derartige neue Anstalten an, theils wurden bestehende kaufmännische Banken durch staatliche Bestimmungen verpflichtet, bis zu einer bestimmten Höhe ihres Actienkapitals Realdarlehne auf ländliche Grundstücke zu geben. So die drei verschiedenen Banken in Belgien 1835 (Caisse hypothécaire, Caisse des propriétaires, Banque foncière), die Berner Cantonalbank 1836, die griechische Nationalbank zu Athen 1841, das Braunschweigische Leihhaus 1842, die Waadtländische Bank 1846, die Banque foncière in Frankreich 30. Juli 1852 (seit dem 10. Decbr. 1852 Crédit foncier de France genannt), die Thurgauer Hypothekenbank in Frauenfeld 1851, die Basellandschaftliche Hypothekenbank zu Liestal 1849, die Weimarsche Bank 1854, die Caisse hypothécaire du canton de Fribourg 1854, die Hyp.-Bank Leu et Comp. zu Zürich 1855, die Oestreichische Nationalbank seit 12. Octbr. 1855, die Caisse hypothécaire in Lausanne 1859, der Crédit foncier Neuchâtelois 1862, die Ungarische Bodenkreditanstalt vom 1. Octbr. 1862, die in Preussen zu Berlin seit dem 24. April 1862 unter dem Namen „Preussische Hypotheken-, Kredit- und Bankanstalt" mit 1 Million Thaler Grundkapital gegründete Hyp.-Bank, an deren Spitze der Graf Eberhard zu Stollberg-Wernigerode steht, ferner die gleichfalls zu Berlin vom Bankpräsidenten Dav. Hansemann gegründete „Preuss. Hypotheken-Gesellschaft", die Baseler Hypothekenbank 1863, die St. Gallensche Hypothekarkasse [1]), die Meininger, Frankfurter und Leipziger Hypothekenbanken 1863, die Darmstädter Rentenanstalt und die Amtskörperschafts- und Gemeindeleihkassen in Würtemberg [2]) u. s. w.

---

1) Hildebrand's Jahrbücher pro 1864, II. Bd. pag. 298.
2) Rotteck u. Welcker Staatslexicon IV, pag. 192 ff.

Die grösste Ausdehnung und die grösste Unterstützung durch den Staat und den Regenten erhielt jedoch die, am 30. Juli 1852 zu Paris für die 7 Departements des Pariser Appellhofes gegründete Banque foncière de Paris. Theils durch die bereits vorhandenen Beispiele solcher Banken in Belgien, theils durch das Verlangen der Grundbesitzer stellte sich schon in den vierziger Jahren das Bedürfniss heraus, solche Hypothekenbanken auch in Frankreich zu etabliren. Die Vorbereitungen und staatlichen Aufnahmen wurden zwar öffentlich durch die Revolution von 1848 unterbrochen, dennoch aber im Geheimen fortgesetzt und so constatirt, dass die ländlichen Zinsverhältnisse in Frankreich dringend einer Reform bedürftig wären, da nach dem Berichte des Ackerbauministers die Leistungen der Schuldner durchschnittlich auf 9—10 Prozent des Kapitals veranschlagt werden könnten. Napoleon, der sich speciell dieser Angelegenheit annahm und die Gesetzgebung emsig in dieser Beziehung betrieb, erliess endlich am 28. Febr. 1852 ein Dekret, welches die Grundzüge zur Errichtung von Hypothekenbanken gegen Ertheilung von staatlichen Concessionen für jedes Departement aufstellte, und denselben auch die Unterstützung der Regierung zu dem Zwecke verhiess, „Grundbesitzern, welche Anleihen auf Hypotheken machen wollen, die Möglichkeiten zu verschaffen, sich durch Zahlung jährlicher Tilgungsraten von ihrer Schuld zu befreien." In Folge dessen wurden auch zu Paris, Marseille und Nevers derartige Banken etablirt, und am 30. Juli 1852 staatlicher Seits die erste für 7, die letztere jede für 6 Departements genehmigt.

In Folge des dem französischen Volke eigenthümlich anklebenden Centralisationsgeistes, der selbst sich in den revolutionär republikanischen Einrichtungen stets kundgab, nahm jedoch die Pariser Banque foncière bereits am 10. Dezember 1852 den Namen Crédit foncier de France an, wurde über die übrigen 80 Departements, welche noch keine Hypothekenbank hatten, in ihrem Geschäftsumfange ausgedehnt, und später selbst mit den bisher selbstständigen Anstalten zu Nevers und Marseille vereinigt. Der staatliche Einfluss auf diese Napoleonische Schöpfung zeigt sich darin, dass die Regierung nicht allein den Gouverneur ernennt, sondern auch die Benutzung der Generaleinnehmer des Departements als Provinzialagenten freigestellt hat, wovon bei der staatlichen Leitung auch der umfassendste Gebrauch gemacht wird.

Die Consequenzen dieser staatlichen Oberleitung und des Umstandes, dass die ganze Anstalt nicht genügend auf die lokalen Verhältnisse berechnet ist, da statt einer Direction in jedem Gerichtssprengel deren nur 29 in ganz Frankreich bestehen, ist die Thatsache, dass die Bank den grössten Theil ihrer Darlehne im Seine-Departement und zwar vorwiegend auf städtische Grundstücke zu Bauten, und also nicht zu landwirthschaftlichen Zwecken, gemacht hat, wodurch der ganze ursprüngliche heilsame Zweck, bei Gründung des Instituts für Befriedigung des Kapital- und Kreditbedürfnisses der Grundbesitzer zu sorgen, so ziemlich vereitelt worden ist, welche übeln Folgen zu vermeiden auch das, nach Zufügung des Crédit agricole erweiterte Statut, bestätigt am 16. Februar 1861, nicht vermocht hat, welches „ausser Darlehnen auf Hypothek noch jedes andere System gestattet, welches die Verbesserung des Bodens und den Fortschritt der Landwirthschaft zum Zwecke hat."

Denn so wie die kaufmännischen Banken ohne Notenemission nur da wohlthätig und allgemein helfend einwirken können, wo sie mit den lokalen Handels- und Verkehrsverhältnissen vertraut sind, wo sie den lokalen Bedürfnissen aller Arten leichter Rechnung tragen können, und selbst die mit dem Zettelgeschäfte verbundenen Banken decentralisirt werden dürfen, sofern nur für die sichere Einlösung der Noten hinlänglich durch Depositen gesorgt ist, wie dies in Nordamerika in den letzten Jahren geschehen ist, wo die Gründung von Banken in allen Staaten zwar freisteht, jedoch verlangt wird, dass die Unternehmer solcher Bankanstalten eine verhältnissmässige Summe der ausgegebenen Banknoten in Unionsstaatspapieren bei der Generalstaatskasse zu Washington zur Sicherheit der Inhaber der Banknoten deponiren; ebenso gut können die ländlichen Hypothekenbanken, denen die Notenausgabe nicht gegeben werden darf, nur da segensreich und auf den Kredit befruchtend einwirken, wo sie sich den lokalen Eigenthümlichkeiten anschliessen.

Das Recht der Notenausgabe bei den Hypothekenbanken ist aber nicht zu gewähren, weil die Circulation von Banknoten nothwendiger Weise Kassen voraussetzt, an denen zu jeder Zeit und ohne Mühe die Noten gegen Courantgeld umgetauscht werden können. Solche Einlösungskassen vertheuern nun aber nicht nur die ganze Organisation, sondern sind auch vollständig unnöthig, da das Kapital, welches an- und ausgeliehen wird, stets bestimmte Summen ausmacht, die nicht vorräthig zu sein brauchen, sondern im Augenblicke des Bedarfs beschafft werden können. Die Nachfrage nach den Obligationen, welche durch die Hypothekenbanken in Circulation gesetzt werden, wird aber stets bei der doppelten Sicherheit, welche eine solche Kapitalanlage gewährt, so gross sein, dass die Gesellschaft nie in Verlegenheit kommen wird, Kapitalien von Privaten nicht zu erhalten.

Ferner würden solche Noten in Zeiten kritischer Verhältnisse stromweise der Bank zur Einwechslung präsentirt und diese daher dann genöthigt werden, gerade zu einer Zeit, in welcher der Landwirth am dringendsten des Kapitals und des Schutzes vor einer Kündigung bedarf, dasselbe zu kündigen, um ihren eigenen Pflichten zu entsprechen, da sie unmöglich den ganzen Betrag der ausgegebenen Noten im Depositorium liegen haben kann, um nicht den Nutzen der Notenausgabe selbst illusorisch zu machen.

Es versteht sich nämlich von selbst, dass keine Bankanstalt, welche selbst Kapitalien auf kurze oder gar beliebige Kündigung anleiht, oder welche Noten ausgiebt, die sie zu jeder Zeit wieder einlösen muss, Darlehne auf längere Zeit oder wohl gar unkündbar auszugeben vermag, ohne die grösste Gefahr, in kurzer Zeit sich für insolvent erklären zu müssen.

In die Reihe der Hypothekenbanken fällt auch noch ein Vorschlag, den der verdienstvolle Statistiker Geh.-Rath Dr. Engel zu Berlin behufs Gründung eines grossartigen Aktienunternehmens mit staatlicher Oberaufsicht, einer Bodenkreditbank, zur Befriedigung der verschiedenen Kapital- und Real- und Personalkreditbedürfnisse der ländlichen und städtischen Grundbesitzer und zur Herbeiziehung ausländischer Kapitalien, welche sich nicht Spezial-Hypotheken zuwenden werden und können, wohl aber gut geleiteten und gut organisirten Landes-Kreditinstituten, im Jahre 1863 machte und dem versammelten preussischen Landesökonomie-Kollegium, in eine Denkschrift gefasst, einreichte [1]).

Die Geschäfte der neu zu begründenden Bodenkreditbank sollen sich auf folgende, den Grund- und Personalkredit betreffenden Gegenstände beziehen:

1) Consolidirung der bereits vorhandenen Hypothekenschulden auf Grundstücken durch Verwandlung der Darlehne von kurzer Dauer in solche von langer Dauer.

2) Gewährung von Darlehnen langer Dauer, d. h. auf 10—50

---

1) Annalen der Landwirthschaft pro 1863, Supplementband pag. 217 ff.

Jahre, innerhalb deren das Kapital mit Ausnahme bestimmt vorgeschriebener Fälle nicht gekündigt werden darf.

3) Gewährung von Darlehnen kurzer Dauer, d. h. auf einen Zeitraum bis zu 5 Jahren.

4) Gewährung von Darlehnen an Korporationen, Gemeinden, Kreise und sonstige juristische Personen.

5) Gewährung von Darlehnen zu Ent- und Bewässerungen, Urbarmachungen und andern produktiven Landeskulturarbeiten.

6) Ankauf und Erwerb von Grundstücken.

7) Emission von Obligationen bis auf Höhe der von der Anstalt erworbenen Hypotheken- und Rentenforderungen.

Für die Sicherheit dieser, erst nach 20—50 Jahren kündbaren und baar einlösbaren Obligationen, haften die von der Anstalt dagegen erworbenen Hypotheken, der Reservefonds, das Vermögen der Realkreditabtheilung des Geschäfts und endlich das übrige Vermögen der Aktiengesellschaft.

8) Versicherung der hypothekarischen Forderungen zur Stärkung des, über eine gewisse Werthsquote der Grundstücke hinausgehenden Realkredits.

9) Versicherung des Gesammtwerths der Grundstücke gegen Subhastationsverlust.

10) Vorschuss- und alle andern Geschäfte der eigentlichen kaufmännischen Banken, um durch solche Concentration aller Geldgeschäfte stets eine genaue Kenntniss der Verhältnisse der Kreditnehmer zu erhalten.

11) Monatliche Veröffentlichung der Geschäftsbilanzen.

Gleichzeitig sollte mit dieser Anstalt auch noch eine Amortisationskasse für die längern Darlehne durch Annuitäten innerhalb 10—50 Jahren verbunden werden; die Höhe der Darlehne sollte bei grössern ländlichen und städtischen, innerhalb grosser Städte belegenen Grundstücken, bis zu 60 % des nach den eigenen Taxgrundsätzen der Anstalt ermittelten Werths, bei mittleren bis 50 %, bei kleinern bis 45 % und bei kürzern Darlehnen auf alle Arten von produktiven Grundstücken gar bis zu 70 % betragen dürfen.

Die Valuta sollen die Schuldner in Grundbriefen der Gesellschaft nach deren Nennwerth und nach Abzug von $1/2$ % an Einschreibungs- und Ausfertigungsgebühren erhalten, und der Zinsfuss für längere Darlehne sich nach dem Durchschnittspreise des, in sichersten Effekten angelegten Geldes auf den ansehnlichsten Börsenplätzen des preussischen Staats richten, jedoch nicht unter

4 $^1/_2$ %, behufs Sicherung eines festen Kapitalzinses für die Gläubiger, betragen, und desshalb jedes halbe Jahr durch die Gesellschaft festgestellt und veröffentlicht werden.

Auch soll der Schuldner gehalten sein, an die Bank stets $^1/_2$ % mehr als die Grundbriefsinhaber erhalten, zur Bestreitung der Verwaltung und zur Bildung eines angemessenen Reservefonds, sowie zur Vertheilung als Dividende an die Actionäre zu zahlen.

Wenngleich das Landes-Oekonomie-Kollegium zu Berlin den Beschluss fasste,

„dass eine nach den vorgelegten Grundsätzen errichtete und ge-„leitete Bodenkreditbank in der That dazu angethan sei, neben „dem Kreditbedürfnisse auch das stetig wachsende Kapitalbe-„dürfniss der Landwirthschaft zu befriedigen,"

und wenngleich eine solche Anstalt, welche die Vorzüge der Hypothekenbanken mit den Hypotheken-Versicherungsanstalten verbindet, nur segensreiche Folgen haben würde, so sind dennoch manche Bedenken gegen das Projekt ausser den weiter unten angeführten allgemeinen Nachtheilen der Hypothekenbanken gegenüber den, auf Gegenseitigkeit gegründeten Kreditverbänden zu erheben, vorzüglich aber, dass solche Anstalten nur zu leicht in den gerügten Fehler des Crédit foncier de France fallen würden, zu Gunsten der städtischen Besitzungen die ländlichen zu vernachlässigen und sich zu sehr zu centralisiren. Denn wenngleich nach §. 5 des Statuts es der Bodenkreditbank freistehen soll, Filialen und Agenturen an den einzelnen Hauptplätzen der preussischen Monarchie zu errichten, so genügen derartige Zweiganstalten, wenn sie nicht fast selbstständig dastehen und wenn sie nicht eigene Machtvollkommenheit haben, auf Grund der bestehenden Statuten Geschäfte abzuschliessen, dem Bedürfnisse doch lange nicht, wovon den besten Beweis die nothwendig gewordene Gründung von kaufmännischen Privatbanken an Sitzen preussischer Hauptbankcomptoirs und die Agenturen der Hansemann'schen Hypothekenbank in den Provinzial-Hauptplätzen liefern, welche letztere desshalb nichts leisten, weil sie nicht selbstständig genug hingestellt sind, sondern nur die Vorarbeiten für das Hauptgeschäft in Berlin abzuwickeln haben.

Ausserdem ist der veränderliche Zinsfuss bei längeren Darlehnen ein Moment, welches nur Unsicherheit in das ganze Geschäft bringen und nur nachtheilig auf den, seine Ausgaben sich vorher überschlagenden Landmann einwirken muss. Die Beweglichkeit des Zinses soll zwar nach der Denkschrift und nach

Lette¹) den Parikurs der ausgegebenen Grundbriefe zu erhalten geeignet sein, und wird es dem Landwirthe auch gewiss nur angenehm sein, bei Entnahme eines Darlehens die volle Valuta zu erhalten und nicht durch den Curs Verluste am Nennwerthe des Papiers zu erleiden. Diese Nachtheile des geringern Curses sind jedoch nicht so gross gegenüber den Vortheilen, welche ein niedriger verzinsliches Inhaberpapier zu einem Curse unter pari dem Kapitalisten gewährt, wie ich früher nachgewiesen zu haben glaube, und wodurch die Obligation selbst bei den Privaten begehrter sein wird. Die Differenz des Curses bis zum Nennwerthe kann ebenso, wie bei den ostpreussischen Pfandbriefen z. B., dem Schuldner als ein besonderes Darlehen gegeben werden, falls dieser ein solches verlangt. Die ostpreussische Landschaft giebt nämlich dem Darleiher ein sogenanntes Coursdifferenzanlehen in baarem Gelde, zu 5 % verzinslich und in 5 Jahren zu amortisiren, so dass der Schuldner die ganze volle Valuta seiner ausgestellten Obligation erhält. Dieses Differenzanlehen richtet sich in seiner Höhe nach dem Curse der zur Zeit höchstprozentigen Pfandbriefe.

Ferner hat die Beweglichkeit des Zinsfusses noch das Nachtheilige, dass, da in Zeiten allgemeiner Kapitalnoth, also bei hohen Procentsätzen, die Erträge der Landwirthschaft gering sind, dann der Landwirth, statt einer Erleichterung, nur einer Erschwerung seiner Zahlungspflichten theilhaftig, ja vollständig durch die vergrösserte Last erdrückt werden würde.

Somit haben die Hypothekenbanken viele der Vorzüge der gegenseitigen Kreditanstalten gemein und würden diese daher vollständig zu ersetzen im Stande sein, wenn nicht eben der Zweck der Gründung dieser Banken, nämlich einen möglichst hohen Zinsgenuss und eine gute Dividende für die Geschäftsunternehmer und für das Risico den Actionären zu gewähren, wenn nicht, mit einem Worte, eben die kaufmännische Natur dieser Anstalten dieselben dahin streben liesse, den Zinsfuss für die, der Landwirthschaft zufliessenden Kapitalien thunlichst zu erhöhen und sich durch andere, leicht in ihren Bereich hinein zu ziehende kaufmännische und Wechselgeschäfte von dem ursprünglichen Zwecke ihrer Stiftung mehr und mehr zu entfernen, wie diess auch der Crédit foncier de France thatsächlich zeigt, der ganz bedeutende Nebengeschäfte betreibt, indem er unter Anderm nach Richter²) am 13. Juli 1863 über

---
1) **Lette**, der Realkredit etc. pag. 175.
2) **Richter**, die landsch. Kreditvereine, abgedr. in Fauchers Vierteljahrsschr.

ein Fünftel des Betrags der ländlichen Darlehne an die Departements, Kommunen und andere öffentliche Korporationen gegeben hatte, nämlich 95,507,221 Frc. im Verhältniss zu 430,671,264 Frc., obgleich solche Darlehne erst seit dem 6. Juli 1860, also seit drei Jahren, bewilligt wurden.

Die Kreditvereine dagegen lassen alle ihre erzielten Gewinne und Ersparnisse ihren Mitgliedern, also den Grundeigenthümern selbst, wieder zu Gute kommen.

Aus diesem Grunde spricht sich auch Rau [1]) dahin aus, dass in Ermangelung eines Kreditvereins oder wo derselbe den Bedürfnissen der Borgenden nicht genügend entspricht, die Errichtung von Hypothekenbanken nützlich sei und zugelassen zu werden verdiene.

IV. Die Hypotheken-Versicherungsanstalten.

Eine weitere Art von Kreditinstituten, welche, speciell für den Grundbesitzer eingerichtet, wenigstens seinen Kredit erleichtern sollen und von Kapitalisten ausgehen, sind die Hypotheken-Versicherungsanstalten. Als Produkte der neueren Zeit sind dieselben bislang nur noch sehr vereinzelt gegründet worden und haben sie auch nicht den eigentlichen Zweck, direkt den Grundbesitzern Kapitalien zuzuführen, sondern nur ein solches Geschäft auf indirecte Art zu vermitteln, indem sie dem Gläubiger eine verstärkte Sicherheit für seine Forderung auf das einzelne Gut durch ihre Gewährleistung und durch ihr eingezahltes Actienkapital verschaffen und die öftern, aus dem Gefühle der Unsicherheit und Besorgniss entspringenden Kündigungen dadurch zu vermeiden suchen.

Diese Versicherungsanstalten beruhen nämlich auf demselben Principe der Nützlichkeit, wie alle andern derartigen Anstalten, welche das Kapital der Nation erhalten und den Untergang einzelner Kapitaltheile unmöglich machen sollen, — auf der Uebertragung specieller Zufälle durch die Allgemeinheit der Versichernden — indem sie durch Ansammeln der jährlich gezahlten kleinen Beiträge der Versicherten und durch kaufmännische Anlage dieser, in kleinen Posten einlaufenden Prämien jeden etwaigen Kapitalverlust wieder zu ersetzen im Stande sind, und indem solche Anstalten eine grössere Sicherheit und ein grösseres Gefühl des dauernden Genusses des Eigenthums bei dem Besitzer hervorbringen

---

1) Rau, Volkswirthschaftspolitik I, pag. 257.

und denselben fähig machen, seine Berechnungen auf die Zukunft zu basiren.

In Folge der verstärkten Garantie nun, welche diese Versicherungsanstalten dem Gläubiger gewähren; in Folge des Vortheils, schnell ohne zeitraubende und schwierige Prüfung die Sicherheit des gebotenen Immobiliarpfandes zu übersehen; in Folge des Nutzens endlich, den Gläubiger vor unpünktlichen Zinszahlungen zu schützen und ihn der Möglichkeit des Kapitalverlustes zu überheben: werden sich die Kapitalisten viel eher bereit finden, selbst höher situirte Hypothekenforderungen an sich zu bringen und so dem Landmanne Gelegenheit zu geben, sein Gut höher zu verschulden, als es ihm sonst ohne Beihilfe dieser Anstalten möglich sein würde.

Diese Hypotheken-Versicherungsanstalten werden nämlich auf dieselbe Weise in der Regel durch Actienvereine gegründet, wie die vorher besprochenen Hypothekenbanken, und versichern die Realforderungen gegen Zahlung einer festen Prämie gegen jeden Verlust an Kapital, Zinsen und Kosten, so dass „der gegenwärtige Besitzer oder künftige Erwerber der versicherten Forderung, ohne dass es einer Annahme der Forderung Seitens des Berechtigten bedarf, für den Ausfall, welchen dieselben laut des gerichtlichen Ausfallattestes an Kapital, Zinsen und Kosten bei der Executionsvollstreckung in die Substanz und die Revenüen des verpfändeten Grundstücks erleiden sollten, vollständig entschädigt werden"[1]). Zur Wahrung der Rechtsverhältnisse dem Schuldner gegenüber und zur Sicherstellung der Gesellschaft gegenüber eigenmächtiger, die Sicherheit der Forderung schmälernder Handlungsweise des Obligation-Inhabers muss sich dieser Letztere gewissen vorgeschriebenen Bedingungen im Falle des Ausbleibens der fälligen Zinsen u. s. w. unterwerfen.

Der Gläubiger ist demnach durch eine solche versicherte Hypothekforderung vollständig gedeckt, soweit nämlich der Actienfonds der Gesellschaft reicht, und werden die auf solche Weise verbürgten Obligationen durch die Versicherung zu Pfandrechten ersten Ranges erhoben.

Auch der Schuldner erhält in Folge des Zutritts zu solcher Gesellschaft leichter und zu niedrigern Zinsen Geld, hat nicht eine

---

[1] § 1 der Versicherungsbedingungen der preuss. Hypotheken-Versicherungs-Actien-Gesellschaft zu Berlin unter Direction von Dr. O. Hübner.

erschreckende Belastung durch Abzüge und Provisionen bei Aufnahme späterer Darlehne zu befürchten, und dadurch also einen pekuniären Gewinn, sofern nicht die jährliche Prämie, welche sich nach der Grösse des übernommenen Risicos und der angewendeten Bemühung der Gesellschaft richtet und mit der Höhe der Schuld im Verhältniss zum Grundstückswerthe derartig steigt, dass sie nach der Versicherungsscala von Dr. Engel bei der Dresdener Gesellschaft 0,4 bis 7,5 Thlr. für je 1000 Thlr. der versicherten Forderung von 10—80 % des Grundstückswerths beträgt, nebst dem zu zahlenden Zinse grösser werden sollte, als sonst wegen der übertriebenen Besorgnisse der Kapitalisten an Zins allein gezahlt werden müsste [1]).

Ausserdem erhält der Grundbesitzer durch die Versicherung seiner Realschulden einen hinlänglichen Schutz gegen den böswilligen Inhaber einer Obligation, der diese vielleicht nur erworben hat, um durch hartes Drängen den Schuldner zur Subhastation zu treiben, und für sich selbst das Grundstück zu erwerben. Die als Concurrentin auftretende Versicherungsgesellschaft vereitelt durch ihr Mitgebot beim nothwendigen gerichtlichen Verkaufe einen solchen Plan eines eigennützigen Gläubigers, soweit sie nämlich durch ihr übernommenes Risico an das Gut gebunden ist.

So vortheilhaft diese Anstalten nun auch auf die Befriedigung des ländlichen Kreditbedürfnisses einwirken könnten, und so günstig sich auch ein Kollegialbeschluss des kgl. preussischen Landes-Oekonomie-Kollegiums vom 29. Novbr. 1860 über dieselben ausgesprochen hat, indem er wörtlich sagte [2]):

„dass nach seiner Ueberzeugung unter den Mitteln, welche be-
„stimmt seien, dem Kreditbedarfe des Grundbesitzers, insbeson-
„dere des ländlichen, abzuhelfen, und die deshalb die ernsteste
„und unausgesetzteste Aufmerksamkeit der höchsten Staatsbe-
„hörden verdienen, die Hypothekenversicherung, wenngleich die-
„selbe ihrer praktischen Gestaltung nach noch sehr jung und
„nur in den Nachbarländern Preussens zur Zeit in's Leben ge-
„treten sei, einen sehr bemerkenswerthen Platz einnehme, und
„dass das Kollegium in Rücksicht hierauf dafür halte, dass es
„von Werth sei und im Interesse auch der Landeskultur liege,
„dass denjenigen Unternehmern, welche ihr Kapital daran setzen

---

[1]) Rau, Volkswirthschaftspolitik I, pag. 242.
[2]) Mascher, der landwirthschaftl. Realkredit etc.

„wollen, um eine Hypothekenversicherung in Preussen ins Leben
„zu rufen, die Ertheilung der Concession nicht erschwert und
„ohne das dringendste höhere Staatsinteresse nicht verweigert
„werde"
so hat sich doch in der kurzen Zeit ihres Bestehens gezeigt, dass
sie nicht vollständig den an sie gestellten Anforderungen zu entsprechen vermögen, da sichere Hypotheken wohl selten oder nie
versichert werden, weil die Anstalt ursprünglich kein gleichzeitiges
Amortisationsprincip verfolgt, keine Tilgungskassen besitzt; wohl aber
verlangen hohe unsichere Hypotheken oftmals in grosser Zahl die
Versicherung, um sich durch dieselbe vor öfterer Kündigung Seitens der Gläubiger zu sichern. Durch diese in hohen Stellen eingetragenen Realpfandrechte übernimmt die Gesellschaft jedoch
selbst ein bedeutendes Risico, muss daher sehr vorsichtig mit deren
Annahme zu Wege gehen, eine sorgfältige Constatirung der Sicherheit der zu versichernden Summen gegenüber dem gemeinen Werthe
des Grundstücks vornehmen und in Folge dessen oftmals entweder
die Prämien so hoch stellen, dass die eine Versicherung suchenden
Schuldner zurückschrecken, oder das Geschäft vollständig zurück-
weisen, oder aber den Grundsatz aufstellen, dass nur die sämmtlichen Hypotheken eines Grundstücks, also sowohl die niedrigen
als die hohen bis zur statutarischen Maximalgrenze versichert werden dürfen.

Durch die Annahme eines solchen Princips jedoch werden
offenbar die niedrigen Stellen, deren Sicherheit unzweifelhaft ist,
zu hoch belastet nach den Prämienscalen, welche die Gesellschaften
anwenden, weil diese niedrig auslaufenden Schulden durch ihre
Sicherheit das Risico der höhern Hypotheken decken müssen.

Der Geschäftskreis, welchen diese Anstalten haben werden und
haben können, wird daher stets trotz der bei ihrer Stiftung ge-
hegten Erwartungen nur ein geringer bleiben und kann nur dadurch
erweitert werden, dass die Funktionen der Hypothekenbanken, wie
sie vorher beschrieben worden sind, und wie es auch thatsächlich
bis jetzt schon von einigen Versicherungsanstalten geschehen ist,
in das Arbeitsfeld mit aufgenommen werden, nämlich die Vermittlung und effective Besorgung von Hypothekendarlehnen und die
Vereinigung mit Hypotheken-Tilgungskassen.

Ohne Erweiterung des Geschäftsumfanges nach der bezeich-
neten Art, ohne vollständige Verschmelzung mit den Hypothekenbanken wird das ungünstige Urtheil aufrecht erhalten werden müssen,

welches in der Festschrift der 25. Versammlung deutscher Land- und Forstwirthe zu Dresden über die Hypothekenversicherung, vorzüglich in Sachsen, niedergelegt ist [1]) und welches sich dahin ausspricht, dass durch diese Versicherungen statt eines Heils für den landwirthschaftlichen Kredit eher in Zeiten allgemeiner Gefahr ein Nachtheil für den Grundbesitzer entstehen könne, da durch dieselben der hoch verschuldete Grundbesitz künstlich in der Hand des Eigenthümers erhalten werde, und sobald in Krisen die Realisirung der Forderungen gleichzeitig gefordert werde, die Anstalten nicht im Stande sein werden, ihren Verpflichtungen nachzukommen. Die Folge davon würde dann ein vergrössertes Angebot von Gütern im Verhältniss zur Nachfrage sein und ein allgemeines Sinken des Preises des versicherten wie des nicht versicherten Grundbesitzes.

Was nun die geschichtliche Entwicklung dieser Versicherungs-Institute betrifft, so wurde der Gedanke dazu zunächst durch eine Denkschrift des Geh. Regierungsrathes Dr. Engel, damals in Dresden, jetzt in Berlin, betitelt: „Denkschrift über Wesen und Nutzen der Hypothekenversicherung und über die Räthlichkeit der Begründung einer Hypotheken- und Rückversicherungsanstalt im Königreiche Sachsen. Dresden 1858", angeregt. Die Schrift ging von dem Gesichtspunkte aus, dass kein Kapitalist gern auf zweite oder dritte Hypothek u. s. w. mehr Geld leihe oder dies nur gegen einen höhern als den landesüblichen Zins thue. Durch solche Versicherung sollten nun dem Gläubiger eine verstärkte Sicherheit, ausserdem Ersatz geboten werden, wenn bei einer Subhastation, Expropriation oder Deterioration die Darlehne ganz oder theilweise verloren gehen sollten, auch dem Gläubiger selbst Unbequemlichkeiten bei Einziehung und Ausklagung gekündigter Forderungen erspart werden. Dem Schuldner dagegen sollte die Möglichkeit gegeben werden, sein Grundstück höher und zwar bis zu 70 bezüglich 80 % des reellen Werths zu belasten, und sollten diese nach einander gegebenen Darlehne in Betreff ihrer Sicherheit vollständig vermittelst der Zahlung einer festen Prämie gleichgestellt werden.

Am 12. Septbr. 1859 erhielt die erste, nach diesen Grundsätzen und mit einem Actienkapital von 3 Mill. Thlrn. gegründete Versicherungsgesellschaft zu Dresden die staatliche Concession, und

---

1) Tübinger Zeitschrift Jahrgang 1866.

sind seitdem nur noch zwei derartige Anstalten etablirt und bis jetzt im Betriebe, nämlich die in Berlin unter der Direction von Dr. O. Hübner stehende, durch Kgl. Erlass vom 21. Juni 1862 concessionirte und mit einem Actienkapitale von 2½ Mill. Thlr. (erste Emission) versehene preussische Hypotheken-Versicherungs-Actiengesellschaft, und die von belgischen Kapitalisten und Actionären der Banque hypothécaire in Brüssel als Realkreditversicherungsanstalt zu Wien ins Leben gerufene sogenannte Vindobona, welche vermöge ihrer Verbindung mit der erwähnten belgischen Bank viel belgisches und holländisches Kapital der österreichischen Landwirthschaft zuzuführen im Stande ist und desshalb dort sehr segensreich wirkt.

V. Die bäuerlichen Kreditanstalten.

Ausser diesen besprochenen vier Anstalten, welche entweder von den Landwirthen selbst oder von Kapitalisten ausgehen, hat auch noch der Staat aus eigenem Antriebe und theilweise mit herbeigezogenen fremden oder eigenen Mitteln, theilweise nur durch Uebernahme einer Garantie Institutionen ins Leben gerufen, welche gleichfalls den Landwirthen Kredit zu verschaffen berufen sind, aber wenigstens in ihren Anfängen speziell nur für eine Klasse derselben, für den bäuerlichen Besitzer, berechnet und zur Benützung bestimmt waren, später sich jedoch auch in einigen Ländern auf alle andern Grundbesitzer ausgedehnt haben.

Diese Staatskassen entstanden vorzugsweise in den deutschen Staaten nach den Reformen der gutsherrlich-bäuerlichen Verhältnisse in den 30er und 40er Jahren dieses Jahrhunderts, wenngleich bereits einzelne Vorläufer, wie die dänische Creditkasse vom 6. Juli 1785, sich schon in frühern Zeiten zeigten und andere Provinzial-Anstalten in den grössern Staaten, wie z. B. in der Provinz Preussen der Landesmeliorationsfonds und die Prov. Hilfskasse anderer Gründe halber gestiftet worden sind.

Die Ablösungsfähigkeit der bäuerlichen Lasten, welche die politischen Bewegungen der französischen Juli- und Februar-Revolutionen in den deutschen Staaten angeregt hatten, die Befreiung der Bauern aus der Abhängigkeit von den Grundherrn erforderten plötzlich bedeutende Summen, um die zu Geld berechneten und demnächst kapitalisirten Leistungen und Pflichten der Bauern auch in Geld abtragen zu können. Der Widerwille, welchen viele der, in ihren vermeintlichen Rechten geschmälerten, Grundherrn gegen diese, auf demokratischer Grundlage beruhende, die Gleichheit Aller im Staate bezweckende Neuerung hatten, liess diese hart gegen ihre Bauern und ohne jede Nachsicht auftreten, wenn in Folge von schlechten Ernten der Bauer seinen Zahlungsverpflichtungen nicht pünktlich nachkommen konnte. Die bäuerlichen Grundstücke wurden dann meistbietend unter dem gerichtlichen Hammer verkauft und erstanden grösstentheils die frühern Grundherrn solche Höfe für geringes Geld, was dann zur Folge hatte, dass sich der Bauernstand nicht allein bedeutend verringerte, sondern auch, dass die grundherrliche Aristokratie zusehends sich mehrte. Diese Thatsachen nun und der menschenfreundliche Wille mancher damaligen Staatslenker, den Bauernstand wirklich frei zu machen und einen wohlhabenden, steuer- und leistungsfähigen Mittelstand gegenüber dem, in Folge der zwanziger Jahre wieder aufwuchernden und sich immer mehr und weiter ausbreitenden aristokratischen Elemente als Stützen des Staats sich heranzubilden, veranlassten die Regierungen, die Sache der Bauern selbst in die Hände zu nehmen und sich als Vermittlerinnen zwischen Berechtigten und Verpflichteten einzuschieben.

So entstanden die bäuerlichen, von den Staaten gegründeten Kreditanstalten bezüglich Rentenbanken in mehren deutschen Staaten, u. A. die Landeskreditkasse in Kurhessen am 23. Juni 1832, in Baden 1833, in Sachsen vom 17. März 1834, Altenburg 23. Mai 1837, das Territorialkreditinstitut zu Hannover am 9. Juni 1848, in Nassau am 15. Februar 1849, in Meiningen am 25. August 1849, die Rentenbanken in Preussen am 2. März 1850, zu Sondershausen am 8. April 1850, zu Koburg am 21. Dezbr. 1850, die Landeskreditkasse zu Rudolstadt am 1. Novbr. 1855, die Rentenbank im Fürstenthum Reuss j. L. am 15. Januar 1858 u. s. f. [1]).

Diese Anstalten haben nun nicht in allen Staaten den gleichen Charakter angenommen bezüglich beibehalten, indem in einigen derselben die Regierungen selbst aus eigenen Mitteln die Kassen gründeten resp. fremde Kapitalien selbstschuldnerisch aufnahmen und dadurch also nur als vermittelnde Instanz zwischen Kapitalisten und Bauern traten und durch ihre Garantie nur den Gläubigern eine grössere Sicherheit boten, in andern Ländern endlich, nament-

---

[1] Vergl. den Artikel »Ueber die Rentenbanken in Thüringen« in Hildebrand's Jahrbüchern 1865, IV, 277.

lich Preussen, Sachsen und Altenburg, die sogenannten Rentenbanken schufen.

Der Unterschied zwischen diesen Rentenbanken und den wirklichen Ablösungskassen besteht nun darin, dass bei den erstern die Verpflichteten entweder die zum mehrfachen Werthe (Preussen 18fach) kapitalisirten, an Stelle der Grundzinse und sonstiger ständigen Lasten getretenen jährlichen Geldzahlungen nach Belieben baar an die Rentenkasse zahlen können und dann ganz frei werden, wobei diese Kapitalien dann zur Staatsschuldentilgung verwendet werden, oder aber, dass sie eine jährliche Zinsrente übernehmen.

Die Berechtigten dagegen müssen die, unter Garantie des Staats ausgestellten, sogenannten Rentenbriefe zum 20—25fachen Betrage (ersteres in Preussen, letzteres in Sachsen und Altenburg) ihrer jährlichen Forderung annehmen und erhalten diese Inhaberpapiere mit einem festen (in Preussen 4, in Sachsen $3^1/_2$) Prozentsatze verzinst.

Bei der Wahl der Pflichtigen durch Ablösung vermittelst einer Zeitrente muss der Pflichtige in Preussen nach eigenem Willen entweder die bisherigen jährlichen Geldleistungen nach Compensirung mit den ihm zustehenden Rechten in monatlichen Raten durch Vermittlung der Kreissteuerkassen an die Provinzial-Rentenbank abführen und dies $41^1/_{12}$ Jahre hindurch thun, nach welchem Zeitraume durch Anrechnung der Zinseszinsen die ganze Summe amortisirt ist, oder er zahlt nur $^9/_{10}$ des bisherigen berechneten Quantums und amortisirt sich dann die Summe erst in $56^1/_{12}$ Jahren (vergl. Gesetz vom 2. März 1850).

Die den Berechtigten eingehändigten courshabenden Rentenbriefe werden durch die Rentenbanken halbjährlich verzinst, jährlich ein Theil derselben ausgeloost und zum Nennwerthe bezahlt, so dass sie in $41^1/_{12}$ bezüglich $56^1/_{12}$ Jahren gänzlich verschwunden sein werden.

Die Rentenamortisation in Sachsen-Altenburg ist im Wesentlichen der in Preussen gleich, jedoch erhält der Berechtigte dort von der Bank für jeden Thaler Jahresrente einen $3^1/_3\,^0/_0$ Zinsen tragenden Bankschein über 25 Thaler, wofür dann der Verpflichtete die Geldrente sowie $^3/_{10}$ ihres ursprünglichen Betrages, also $4^1/_3\,^0/_0$ an die Bank zahlt und somit das Kapital in 45 Jahren tilgt. Bei Lehngeldablösungen dagegen erhält der Berechtigte den 25fachen Werth der Geldrente in 4prozentigen Inhaberbankscheinen, die durch den Verpflichteten mit 5 %, verzinst und amortisirt werden, so dass das Kapital schon in 42 Jahren abgetragen wird [1]).

Bei allen diesen sich wenig unterscheidenden Arten der, durch die Regierung vermittelten Ablösungen der bäuerlichen Lasten tritt nur der Staat mit seiner Persönlichkeit, mit seinem Kredite zwischen Schuldner und Gläubiger.

Bei der Etablirung wirklicher Ablösungskassen nun, wie sie z. B. in Kurhessen, Meiningen, Rudolstadt und Weimar etc. gegründet worden sind, erhielten die Berechtigten direct ein wirkliches Geldkapital vom Staate baar gezahlt, wogegen die Verpflichteten in Höhe dieses, auf ihren Grundstücken lastenden, hypothekarisch verbrieften Kapitals direkte Schuldner des Staats mit einer jährlichen Rente wurden. Solche Staaten nahmen auf ihren eigenen Kredit von Kapitalisten u. s. w. durch Ausgabe von, auf den Inhaber lautenden, gegenseitig mit sechsmonatlicher Frist kündbaren Schuldverschreibungen das benöthigte Geld auf, welches sie in Folge der gebotenen Sicherheit in früherer Zeit zu sehr niedrigem Zinsfusse erhielten.

Der verpflichtete Bauer musste dann die, zur Tilgung seiner Reallasten für ihn von Staatswegen gezahlten Summen zu einem mässig höhern, nur die Verwaltungskosten der Anstalt deckenden Prozentsatze an die Kasse selbst verzinsen und ausserdem ein geringes Mehr, jedoch nicht unter $1/2$ %, behufs Amortisation der ganzen Schuld zahlen, wodurch allmälig ein freier, selbstständiger, kreditfähiger und wohlhabender Bauernstand geschaffen wird resp. worden ist.

Da das Angebot von Geld in Folge der Sicherheit, welche der Staat gewährte, und namentlich in Folge der Bestimmung über die Kündbarkeit der Darlehne Seitens der Privaten und Korporationen und Seitens der bestehenden Sparkassen, welche ihre Spareinlagen zinstragend anlegen mussten und dieses in Obligationen der Kreditanstalten thaten, wodurch sie nicht allein jeder Zeit das Kapital wieder flüssig machen konnten, sondern auch sicher anlegten, ein den Bedarf übersteigendes wurde, so konnte, namentlich in Kurhessen, die dortige Anstalt auch an andere, nicht durch Reallasten verpflichtete Grundbesitzer Kapitalien ausleihen unter der Bedingung der Amortisation der Schuld und zu einem höhern 4prozentigen Zinsfusse. Derartige Darlehne sind sogar an solche

---

[1] Vierteljahrsschrift für Volkswirthschaft von Faucher u. Michaelis 1864, Bd. I, pg. 214.

Personen, welche sich um die Hebung des inländischen Gewerbfleisses verdient gemacht hatten, bis zum vollen Schätzungswerthe der Liegenschaft ertheilt worden.

Der Vortheil, welchen diese Ablösungskassen bezüglich Rentenbanken erzeugen, liegt hauptsächlich darin, dass der Berechtigte ein jeder Zeit verkäufliches sicheres Papier statt einer jährlichen, oft mühsam von dem Pflichtigen einziehbaren Forderung erhält, dass er den Erlös für dieses Papier daher jederzeit anderwärts verwenden kann, dass er somit eine grössere Summe auf einmal bekommt, mit der er eigene Schuldtilgungen oder andere reproductive Anlagen leicht vornehmen kann. Der Bauer empfängt auf eine wenig drückende Weise durch die Ablösung seine vollständige Freiheit und hat es bis solange mit einem, in der Regel nachsichtigern Gäubiger — dem Staate — zu thun, als mit einem Privatgläubiger; der Kapitalist endlich findet eine, durch den Staat garantirte sichere Quelle zur Geldanlage und kann stets durch Verkauf des Rentenbriefs bezüglich der Obligation sich wieder baares Geld verschaffen.

Somit kann also auch dieses durch den Staat gegründete Bankinstitut, namentlich für den bäuerlichen Besitzer, enorme Vortheile bringen, so wenig wie auch sonst alle Staatsunternehmungen, welche die Concurrenz der Privaten vermöge der grössern disponiblen Kapitalien hemmen und in der Regel erst mit den, durch Steuern oder sonst aufgebrachten Mitteln des Volks gegründet werden, sich empfehlen mögen. Hier tritt der Staat nicht mit eigenen oder nur mit wenig eigenen Mitteln ins Geschäft ein; hier verwerthet er hauptsächlich nur seinen Kredit.

Nothwendig bleibt es nur, dass solche Anstalten vollständig selbstständig dastehn, dass sie nicht finanzielle Einnahmen gewähren sollen und dass bei ihrer Benützung keine politischen Rücksichten den Ausschlag geben.

Die spätere Zeit wird durch Hilfe dieser Anstalten somit, wenn auch der letzte Rest der gutsherrlich-bäuerlichen Verhältnisse vernichtet sein wird, ein Geschlecht von Bauern vorfinden, die als freie Männer auf freien Gütern sitzen und nur aus der Geschichte und alten Hypothekenakten noch die Beschränkungen und Lasten kennen werden, denen ihre Voreltern unterworfen gewesen sind.

VI. Die National-Hypothekenbanken.

Graf Soden[1]) hat in dem Gedanken, dass der Staat das grösste Interesse habe, „das Grundeigenthumsvermögen durch Kapitalstoff zu beleben", den Rath gegeben, eine National-Hypothekenbank zu gründen, und durch deren Vermittlung „den Preis des Grundeigenthums als des solidesten Bestandtheils des National-Vermögens mehr zu fixiren und ihn gegen die grossen Nachtheile des Wechsels in Schutz zu nehmen", weil allen bisherigen Krediteinrichtungen immer direct nur durch die mässige Schätzung des Grundeigenthums der Schutz der Kapitalisten zu Grunde liege, ohne dass dabei die Gläubiger gegen Verluste an Kapital und Zinsen hinlänglich geschützt seien, welche durch ausserordentliche Zufälle oder Handels- und politische Krisen entstehen können. Die Schätzung des Besitzes geschehe stets unter dem Marktwerthe, wodurch denn offenbar in den Augen aller Dritter die Vermögensmasse des Grundeigenthümers vermindert werde, was nothwendig diesem zum Nachtheile gereichen müsse.

Zur Sicherung des Kredits des Grundbesitzers sei es daher durchaus nöthig, dem Preise des Grundeigenthums mehr Festigkeit und Stetigkeit zu geben, und sei deshalb behufs Verbindung der entgegenstehenden Interessen des Kapitalisten und des Grundbesitzers nur die Mobilisirung der Realitäten das einzige Mittel, was durch Errichtung einer allgemeinen National-Hypothekenbank erreicht werden könne.

Eine derartige Anstalt müsse nun, sagt Soden weiter, den Werth jedes Guts bei einer gewöhnlichen Kultur aus dem Ertrage nach 20- oder 30jähriger Fraction ermitteln, auf den vollen Betrag dieses Werths dem Eigenthümer Inhaber-Bankzettel geben, die mit dem gemeinüblichen Hypothekar-Zinsfusse verzinst und nach sechsmonatlichem Umlaufe durch die Bank baar eingelöst werden können. Um zu diesem Zwecke der Anstalt das nöthige Metallgeld stets zu liefern, wäre darauf zu halten, dass alle gerichtlichen Depositen u. s. w. in Banknoten umgewechselt würden.

Zur grössern Sicherung der Inhaber der Banknoten für ihren Zinsengenuss, und zur Unabhängigmachung derselben von den einzelnen Verschuldeten, müsse die Bank vorweg an den Schuldner den Betrag dreijähriger Zinsen weniger an Bankzettel, als der

---

[1]) Soden, Nationalökonomie Bd. II.

Taxwerth des Grundstücks ist, ausgeben und dürfe erst nach Verlauf dreier Jahre zur Schonung des Besitzers gegen den Säumigen die gerichtliche Hilfe beanspruchen.

Auf solche Weise will S o d e n das gesammte Grundeigenthum in circulationsfähiges und flüssiges Kapital umwandeln, dem Gläubiger Kapital und Zinsen, dem Schuldner einen gewissen Preis seines Guts sichern, unter den dieses nicht durch jeden Wechsel der Umstände herabgedrückt werden kann, endlich noch Letzterm durch Ankauf der zu kleinen Appoints ausgegebenen Bankzettel eine Amortisation seiner Schuld ermöglichen.

Gewiss würde einen hohen Werth für die Landwirthschaft die Gründung eines solchen National-Instituts haben, das dem Gläubiger durch directe Zinsenzahlung und Enthebung aller gerichtlichen Weitleitläufigkeiten bezüglich durch Rückkauf der ausgegebenen Banknoten volle Sicherheit gewährt, das aber auch andererseits dem Schuldner den vollen Taxwerth seines Grundstücks unkündbar beleiht und ihm die Möglichkeit der Amortisation giebt, wenn nicht

1) die grosse Schwierigkeit der Aufstellung einer richtigen, den Zeitverhältnissen angepassten und dennoch den unzerstörbaren und gewissen Gutsertrag zu Grunde legenden Taxe vorhanden wäre, einer Taxe, die sowohl dem Gutsbesitzer möglichst viel Darlehne verschafft, als auch dem Gläubiger möglichst hohe Sicherheit gewährt;

2) wenn nicht der Staat selbst der Begründer einer solchen Anstalt wäre, der daraus wegen des Mangels jeder rivalisirenden Concurrenz sehr leicht politisches und finanzielles Material machen, sich einer nachtheiligen Einwirkung auf die wirthschaftliche Freiheit der Staatsangehörigen nicht enthalten könnte, und der in seiner Geschäftsführung nie gründlich durch die Oeffentlichkeit controlirt werden kann;

3) wenn nicht diese Nationalbanken so sehr das Centralisationssystem an sich hätten, und demzufolge so sehr leicht, wie es schon bei dem Crédit foncier de France hervorgehoben ist, sich auf die engern Kreise in der Nähe des Hauptbanksitzes beschränken würden; dagegen würden solche Banken, in den einzelnen Provinzen eines grössern Staats begründet und gänzlich in der Verwaltung von jedem staatlichen Einflusse getrennt, also dem localen Bedürfnisse mehr angepasst, eher nutzbringend und den ländlichen Kredit fördernd wirken können;

4) wenn nicht die Gewährleistung, welche der ganze Staat, welche das gesammte Landesvermögen für die aufgenommenen Gelder den Kapitalisten giebt, und welche in ruhigen friedlichen Zeiten wohl keine weitern Folgen für die Garanten haben dürfte, in kriegerischen Perioden, in denen die Aufrechthaltung des eigenen Kredits dem Staate viel grössere Schwierigkeiten macht, als den Privaten, dem erstern dann auch viel grössere Opfer auflegen würde bezüglich könnte, als jeder gut fundirten Actiengesellschaft. In solchen Zeitläuften werden und können beträchtliche Rückforderungen des geliehenen Geldes stattfinden und wird dann nicht der Staat im Stande sein, seinen Verpflichtungen nachzukommen, er wird sich genöthigt sehen, in Folge des dann rapiden Sinkens des Bodenwerths zu den äussersten Mitteln zu greifen, um nur seinen Bankerott aufzuhalten, zu Mitteln, unter denen natürlich die lebende und künftige Generation der Staatsbürger im Interesse Derjenigen leiden werden, welche bereits in frühern Zeiten die Vortheile der Bank genossen haben;

5) wenn nicht bei einer so hohen Verschuldung des Grundeigenthums bis zum vollen Werthe es für den Landwirth so äusserst schwierig wäre, angemessen und vortheilhaft zu wirthschaften. Der Grund und Boden gelangt auf solche Weise zuletzt ganz in die Hände unbemittelter Subjekte, die bei jeder Preisschwankung auf ihrem Gute, wie der Vogel auf dem Dache, sitzen, die daher auch keinen grossen Trieb haben würden, dauernde Verbesserungen des Bodens vorzunehmen, da sie nicht wissen können, wie lange sie noch Besitzer desselben sein werden. Der solide Stand der Gutsbesitzer und Bauern wird durch solche Beleihung bis zum vollen Taxwerthe gänzlich vernichtet; Schwindler und Gauner werden an dessen Stelle treten; die dem Ackerwirthe stets eigenthümliche Liebe zum Lande, der Patriotismus und der Nationalstolz werden zerstört und statt eines, in den Landleuten herrschenden und vorhandenen Gefühls der Unabhängigkeit und Freiheit ein Geschlecht von sklavischen Speichelleckern und gekrümmten Rücken erzogen werden, die nicht innerhalb des Gesetzes als Herrn auf ihrem Eigenthum sitzen, sondern, wie schwache Halme, vor jedem Winde von Oben her zittern.

In Frankreich war es zuerst Wolowski[1], welcher die Gründung einer nationalen Hypothekenbank durch die Staats-

---

1) Wolowski, de la mobilisation etc.

regierung, die Verwaltung derselben durch die ordentlichen Staatsbeamten und statt der speciellen Abschätzung die Werthbestimmung jedes Grundstücks nach Maassgabe der darauf lastenden Grundsteuer derartig empfahl, dass ohne jede Gefahr das Dreifache der Steuer, zum Zinsfusse von 4 % capitalisirt, jedem Besitzer als Darlehn gegeben werden könnte. Die Darlehne selbst müssten in Hypothekenobligationen erfolgen; die Gläubiger erhielten ihre Zinsen halbjährig, wie bei den Staatsschuldenrenten von den Staatskassen selbst. Da der Staat als Garant die Sicherheit der Kapitalien zu vertreten hat, so würde sich sehr bald eine enge Verbindung zwischen diesen Grundobligationen und den Staatsrenten herausstellen: der Staat selbst würde Nichts riskiren, da er die Zinsen, wie seine Steuern, auf executivem Wege nöthigenfalls eintreiben könnte, und der Grundbesitzer endlich würde seinen eigenen Kredit durch den des Staats verstärkt wissen und hätte nur dieselben 4 % Zinsen für Kapital, Kosten der Verwaltung und der hypothekarischen Eintragungen zu entrichten, welche der Inhaber der Obligation erhält, da der Verwaltungsgeschäfte wegen keine oder wenig mehr Beamte anzustellen wären, als der gewöhnliche Staatsdienst sonst erheischt.

Nach Verlauf von fünf Jahren endlich würde sich ebenfalls die jährliche Amortisation der Schuld mit $1/2$ Prozent der Schuldsumme und die Ausloosung und Auszahlung der Obligationen zum Nennwerthe empfehlen, weil beim Eintritte eines frühern Anfangstermins die, mit dem Gelde vorgenommenen Meliorationen noch kaum ein Resultat gebracht haben, die Schuldner daher unnütz in ihrer Bewegung beschwert werden dürften.

Unter den mehren Nachfolgern Wolowski's in dieser Hinsicht traten im Jahre 1848 de Türck und Proudhon mit dem Vorschlage hervor, eine grosse Staatskreditanstalt in Frankreich zu begründen, welche den Grundbesitzern bons hypothécaires gegen Zins leihen und hierzu für 2000 Millionen Francs Papiergeld ausgeben sollten. Aber auch dieser Vorschlag wurde am 11. Dezbr. 1848 durch die Nationalversammlung verworfen [1]).

Im Allgemeinen hat sich die neuere Zeit solchen Staatsanstalten zur Befriedigung des ländlichen Kapital- und Kreditbedürfnisses nicht günstig gezeigt; denn ausser der Erweiterung einzelner weniger, ursprünglich bäuerlicher Kreditinstitute zu Hypothekenbanken

---

1) Mascher, der landw. Real- und Gewerbekredit.

für alle Landwirthe sind, soweit mir bekannt, nur noch in der Schweiz zwei solcher landwirthschaftlichen Staatskreditanstalten neu begründet worden, nämlich die erste am 12. Dezember 1846 zu Bern und die andere 1848 zu Genf. Wohl aber hat das vorige Jahrhundert drei derartige Institute, welche die Landwirthschaft überhaupt durch den Staat mit Kapital zu unterstützen bezwecken, ins Leben gerufen, nämlich die schon früher genannte dänische Creditkasse am 6. Juli 1785, die Russische Leihbank und die Landesbank in den herzogl. Sächsisch Altenburgschen Ländern 1792.

Letztere Anstalt ist unter Garantie des gesammten Kammer- und Landesvermögens (von der sich jedoch 1854 der Herzog und das herzogliche Haus für befreit erklärte) durch Herzog Ernst I. von Gotha und Altenburg gegründet worden und hat die Aufgabe, Kredit gegen Hypothek und Faustpfand an Private und Corporationen zu geben. Durch Ausborgen von Darlehnen zu $3^1/_2$ und 4 % und Aufnahme solcher zu 3 % von den wohlhabenden Altenburger Bauern ist der Bank allmälig ein recht bedeutendes Activvermögen, abgesehen von den, statutarisch zu verschiedenen allgemein nützlichen Landeszwecken verwendeten Summen erwachsen und hat sich demnach das Hypothekengeschäft, welches ursprünglich auf das eigene Land beschränkt war, nach und nach in den angrenzenden Ländern Thüringens, Preussens und Sachsens auch ausgedehnt [1]).

Zweiter Abschnitt.

Die Gesetzgebung.

Die verschiedenen Anstalten sind, wie aus dem vorigen Abschnitte ersichtlich, mehr oder weniger geeignet, den darniederliegenden Real- und Personalkredit des Landmanns neu zu beleben und ihm die Mittel an die Hand zu geben, die Ertragsfähigkeit seines Grund und Bodens zu vermehren und sich unabhängig von den Privatgläubigern bezüglich den bisherigen Grundherrn zu machen.

Dennoch vermögen diese Institute nicht allein, diese Wohlthaten auszuüben, sondern der Staat muss durch seine Gesetzgebung noch dazu beitragen, diese Kreditanstalten benutzbar zu machen; er muss ausserdem durch die Hypothekenordnungen für

---

[1]) Faucher's Vierteljahrsschrift 1864, I, pag. 209 ff.

die Sicherheit der Gläubiger und die Interessen der Schuldner sorgen; er muss die Beschränkungen des Zinses, da wo sie noch bestehen d. i. die sogenannten Wuchergesetze aufheben.

I. In Bezug auf die Kreditanstalten

hat der Staat die Pflicht, im Interesse seiner Angehörigen die Gründung und Entwicklung solcher Anstalten jeder Art möglichst zu erleichtern, das Concessionswesen in Hinsicht ihrer vollständig aufzuheben und es den Betheiligten ganz frei zu stellen, ohne jede staatliche Untersuchung der Bedürfnissfrage, derartige Institutionen ins Leben zu rufen, überhaupt dieselben in freiester Weise dadurch zu gestatten, dass er solchen Vereinigungen durch die Gesetzgebung das Recht einräumt, Obligationen und Pfandbriefe auszugeben und diese zu verkäuflichen Papieren zu machen.

Die Bedingungen jedoch, auf deren Erfüllung der Staat zu halten hat und die durch die Gesetze ein für alle Male vorgeschrieben werden müssen, sind:

1) Dass nicht mehr Obligationen ausgegeben werden, als die Anstalt selbst Realforderungen an Grundbesitzer hat.

2) Dass mindestens halbjährig bei den gegenseitigen Kreditinstituten, mindestens monatlich oder wöchentlich bei den auf Aktien gegründeten und bei den Staatsanstalten, ein genauer detaillirter Bericht über den Zustand des ganzen Unternehmens veröffentlicht werde, um so die Kapitalisten von der Sicherheit ihrer Einlagen zu überzeugen und ihnen ein grösseres Vertrauen in die Reellität der betreffenden Banken zu verschaffen.

3) Dass eine staatliche Oberaufsicht über den Betrieb der Anstalten stattfinde, wenigstens in der Art, dass zu den Generalversammlungen etc. der Theilhaber bezüglich Aktionäre ein ständiger Vertreter des Staats zur Sicherung der Interessen der Staatsangehörigen zugelassen werde.

4) Dass alle derartigen Anstalten nicht nur für den grössern, sondern auch für den kleinern Besitzer zugänglich seien. Allerdings kann staatlicher Seits nicht ein Zwang auf die Vertreter der Institute ausgeübt werden, dem kleinern Besitzer Kredit zu gewähren, da die Kreditfähigkeit desselben in dem Glauben der Gesellschaftsvorstände allein beruht; dennoch aber muss wenigstens der Staat dafür sorgen, dass der Bauer nicht gänzlich von den Wohlthaten der Institute durch statutarische Bestimmungen ausgeschlossen werde.

5) Dass bei den landwirthschaftlichen Kreditbanken wirklich das Actienkapital eingezahlt vorhanden sei, auf welchem die Garantie der Banken bezüglich Versicherungsanstalten basirt ist.

6) Dass die Höhe des Actienkapitals dieser Gesellschaften in einem bestimmten Verhältnisse stehe zu der Summe der ausgegebenen Pfandbriefe bezüglich der garantirten Obligationen, dass nicht also durch zu weit ausgedehnte Geschäfte die Sicherheit derjenigen Gläubiger, welche ihr Geld den Gesellschaften anvertrauen, geschmälert werde.

II. In Bezug auf das Hypothekenwesen

hat der Staat diejenigen Vorschriften zu erlassen, durch welche die Interessen der Kapitalisten mit denen der Darlehns-Bedürftigen am zweckmässigsten verbunden werden. Dies zu verwirklichen, sind in unsern modernen Staaten vielfache Versuche gemacht worden und kann man die zur Zeit bestehenden Hypothekenordnungen in vier verschiedene Systeme zusammenfassen.

1) Das System, wonach nicht allein der ganze verpfändete Grundbesitz, sondern auch das übrige Vermögen, ja die Person des Schuldcontrahenten dem Gläubiger als Garantie für die Sicherheit des dargeliehenen Kapitals gegeben wird, indem jeder Grundbesitzer bei Aufnahme eines neuen, oder bei Uebernahme eines alten Darlehns von seinem Vorgänger als Theil des Kaufgeldes, gleichzeitig ausser der Verpfändung des Grundstücks zur bereiten Stelle noch eine selbstschuldnerische Haftpflicht übernehmen muss, gemäss welcher der Gläubiger berechtigt ist, im Falle des Ausfalls seiner hypothekarisch eingetragenen Forderung sich späterhin noch an den, nicht der persönlichen Schuldverbindlichkeit entlassenen Contrahenten des Darlehns zu halten.

Dieses Recht der Gläubiger geht sogar so weit, dass, wenn z. B. ein Gut innerhalb 20 Jahren etwa in 5 verschiedene Hände übergegangen ist und der erste Eigenthümer eine Schuld contrahirt hat, aber nicht seiner persönlichen Schuldverpflichtung durch den Gläubiger beim Verkaufe des Guts enthoben worden ist, dieser bei etwaiger Insolvenz des fünften Besitzers und Ausfalls seiner Forderung im gerichtlichen nothwendigen Verkaufe an den ersten, den wirklichen Schuldcontrahenten, recurriren kann.

2) Das System, wonach die Sicherheit des Darlehns nur in einem bestimmten Objecte, dem verpfändeten Grundstücke, be-

ruht und nicht in dem Gesammtvermögen des Schuldners, nicht mit dem Personalkredite dieses verbunden ist.

3) Das System, nach welchem ein ganz freier beweglicher Verkehr mit den Real-Obligationen stattfinden kann, wo nämlich das Hypotheken-Dokument auf den jeweiligen Inhaber ausgestellt wird, dasselbe daher, wie jedes andere Werthpapier au porteur, dem Course und dem Börsenkaufe unterworfen ist und ohne weitere gerichtliche Cession lediglich in Folge der Uebergabe an den neuen Käufer in dessen Eigenthum übergehen kann.

Bei einer solchen Hypotheken-Ordnung kann der Grundstücksbesitzer, der ein bestimmtes Kapital z. B. 20,000 Rthlr. gebraucht, von der Hypotheken-Behörde sich verschiedene Obligationen à 1000 Rthlr. ausstellen lassen, welche nach dem Prinzipe der Priorität ins Grundbuch eingetragen werden.

Diese einzelnen Dokumente kann der Grundstücksbesitzer dann an der Börse je nach Bedürfniss und Belieben, wie jedes andere zinstragende Papier, verkaufen.

4) Das System, welches zur Zeit noch in Frankreich gilt und bis zum Erlasse des Gesetzes vom 15. Juli 1862 auch noch in Sachsen-Meiningen, wonach gewisse gesetzliche bezüglich stillschweigende, generelle und specielle Forderungen, wie sie das alte römische Pfandrecht kennt, als Steuerreste des Staats, die Mitgift der Frau in die Ehe, die Forderungen von Mündeln an den Vormund etc. den eingetragenen vorausgehen, ohne dass sie selbst ingrossirt zu werden brauchen.

Dies Verfahren hat offenbar den grossen Nachtheil, dass der Hypothekarzins sich stets höher stellen muss, als in Ländern mit andern bessern Hypotheken-Verfassungen, weil die Gläubiger, welche auf Realitäten Geld leihen wollen, nie wissen können, welche Ansprüche von anderer Seite an das Gut bei einem etwaigen nothwendigen Verkaufe erhoben werden, und weil sie dieserhalb ausser dem gewöhnlichen Zinse sich noch das Risiko bezahlen lassen müssen für die desfallsige künstlich geschaffene Unsicherheit ihres Darlehns.

Es ist daher dieses System gewiss nicht geeignet, den landwirthschaftlichen Kredit zu befördern; es trägt vielmehr ein Hinderniss für denselben in sich und ist die Unzweckmässigkeit desselben in Frankreich selbst anerkannt, indem Napoleon durch die Gesetzgebung die Darlehne des Crédit foncier von dem Vorgange der gesetzlichen Forderungen im Conkurse befreite.

Allgemein ist solch Vorzugsrecht der gesetzlichen Hypothekenforderungen noch nicht, trotz mannigfacher Agitationen in Wort und Schrift, aufgehoben worden, weil das französische Recht dadurch vornehmlich die Frauen und Waisen zu schützen beabsichtigt. Nun aber erhalten diese, des Schutzes bedürftigen Klassen dann jedoch keine weitere Sicherheit für ihr Vermögen, wenn der Ehemann bezüglich der Vormund kein Grundeigenthum besitzt.

Warum dieselben nun gerade zum Nachtheile des Realkredits gegenüber den Grundbesitzern geschützt werden müssen, ist nicht recht ersichtlich.

Die Mangelhaftigkeit dieses französischen Systems ist u. A. schon 1836 durch den Präsidenten der Akademie Mr. Dupin in einer, in den Kammern gehaltenen Rede und wiederum am 13. Juli 1839 durch M. L. Wolowski[1]) in der Sitzung der Akademie der Wissenschaften durch ein verlesenes Memoire ins grellste Licht gestellt.

Letzterer erklärt nämlich geradezu gegenüber den Klagen über mangelnden Realkredit, dass jedem Versuche einer weitern Organisation des Grundkredits eine radikale Reform in der französischen Hypotheken-Gesetzgebung vorausgehen müsse, eine Reform welche die hauptsächlichsten Gebrechen des jetzigen Systems beseitigen und das Hypothekenwesen mit der grössten Publicität umgeben müsse.

Als Hauptübelstände des zur Zeit giltigen Hypothekenwesens führt Wolowski (pag. 9 a. a. O.) an:

1) Den Mangel an Rechtsformalitäten, welche bestimmt sind, die Uebertragung der Eigenthumsrechte an Dritte zu bewerkstelligen.
2) Den Mangel der Inscriptionen von Lasten, welche den Werth der Realität vermindern, wie Servitute, Nutzrechte etc.
3) Die Existenz von gesetzlichen Privilegien und Hypotheken, ohne dass dieselben in einer bestimmten Summe eingetragen sind.

Denn la notoriété des charges qui grèvent le sol, peut seule être la base d'un véritable crédit foncier. Vouloir l'établir, en subissant l'existence d'obligations occultes, c'est associer des idées qui s'excluent réciproquement, c'est poursuivre une chimère.

Wie schon aus der einfachen Zusammenstellung dieser Sy-

---

1) Wolowski, De la mobilisation etc.

steme ersichtlich, ist zunächst eine Führung von Grundbüchern durch den Richter oder durch besonders dazu bestellte Hypothekenbehörden in den örtlichen Districten des verpfändeten Guts nothwendig.

Für jedes Grundstück im ganzen Bezirke muss amtlich ein besonderes Hypothekenbuch geführt werden, in dem zunächst der Name, die Lage, die Qualität und die Grösse des Guts so genau als möglich aus Katasterauszügen zur Feststellung der Identität und zur Unterscheidung von andern Grundstücken angegeben sind; dann der wirkliche Eigenthümer, welcher erst dann ein Verpfändungsrecht am Grundstücke hat, wenn im Hypothekenbuche ausdrücklich der Besitztitel auf ihn berichtigt worden ist, so dass selbst die berechtigten Nachfolger eines Erblassers den Besitztitel auf sich umschreiben lassen müssen; dann der Rechtsgrund des Besitzes und der letzte Erwerbspreis; die auf dem Grundstücke haftenden Reallasten und ständigen Renten und alle sonstigen Verbindlichkeiten, welche die Besitzrechte des Eigenthümers beschränken und die freie Disposition über das Gut beengen; endlich die eingetragenen Darlehne, rückständigen Kaufgelder, Cautionen u. s. w., wobei jedoch z. B. in Preussen alle öffentlichen, Gemeinde- und Societätslasten von der Eintragung ausgeschlossen bleiben.

Kurz aus dem Grundbuche muss die Identität, die Beschaffenheit, der Umfang und alle Verbindlichkeiten der zu bestellenden Realität leicht ersichtlich sein, so dass daraus der Gläubiger in den Stand gesetzt wird, die reale Sicherheit, welche ihm die Hypothek gewährt, zu beurtheilen und dieselbe gegen andere Gläubiger zu schützen.

Bei den erst genannten drei Systemen sind ferner die Prinzipien der Publicität, der Specialität und der Priorität aus den ältern Pfandrechten übernommen worden, und zwar besteht die Publicität darin, dass [1]) nur solche Hypotheken gelten, welche wirklich in das Hypothekenbuch des Grundstücks eingetragen sind und dass mithin alle stillschweigenden Pfandrechte wegfallen, dass auch das Grundbuch, die dazu gehörigen Urkundensammlungen oder Grundacten Jedem, der ein Interesse daran nachweist, zur Einsicht vorgelegt werden.

Es ist somit die einzige Art, wie hypothekarische Forderungen rechtlich begründet werden können, die wirkliche Ingrossation in

---

1) Gerber, Deutsches Privatrecht § 151.

das Grund- und Hypothekenbuch durch den betreffenden, damit beauftragten Beamteten, ebenso wie eine thatsächliche rechtskräftige Aufhebung einer solchen eingetragenen Forderung nur durch die factische Löschung des Ingrossates durch den judex rei sitae geschehen kann.

Die Priorität der Forderungen beruht auf der Reihenfolge, d. h. dem Datum der Eintragung der Realschuld, und ist die Consequenz davon, dass der zuerst ingrossirte Gläubiger dem später eingetragenen vorgeht. Wird aber eine vorhergehende Stelle im Hypothekenbuche durch Zahlung gelöscht, so ist der Eigenthümer des Grundstücks nur in dem weiter unten angeführten Falle berechtigt, diese Stelle offen zu behalten und dieselbe etwa späterhin wieder durch eine neue Schuldsumme zu belegen, sondern die später eingetragenen Gläubiger rücken mit ihren Forderungen vor, und kann der Schuldner daher nur in späterer Zeit eine neue Schuld hinter der letztbesetzten, d. h. zur bereitesten Stelle eintragen lassen.

Für den oben erwähnten, einzig dastehenden Fall, dass der Schuldner bei der Tilgung sich die anderweitige Disposition über die durch dieselbe erledigte Stelle vorbehält, muss eine besondere Form der Tilgung (die Tilgung ante lineam) angewendet werden, bei welcher die Summe des getilgten Postens factisch ungetilgt bleibt und die Stelle wieder durch einen andern Gläubiger besetzt werden kann [1]).

Solche Fälle können nämlich da vorkommen, wo der Schuldner ein gekündigtes Kapital nicht rechtzeitig beschaffen kann und am Fälligkeitstermine dasselbe mit Hilfe von Verwandten, z. B. zur Ersparung der doppelten Cessionskosten unter dem Vorbehalte auszahlt, definitiv das betreffende Kapital von Dritten aufzunehmen, den Verwandten dasselbe wieder zurück zu erstatten, und den Dritten in die Stelle des ersten Gläubigers einrücken zu lassen.

Was nun die Kritik der drei zuerst erwähnten Systeme anbelangt, da das französische wohl als vollständig unzweckmässig anerkannt sein dürfte, so hat das erste derselben, welches die Grundsätze des gemeinen römischen Pfandrechts in die deutschen Hypothekenordnungen übertragen hat, wonach die persönliche Obligation mit der Realverpfändung verbunden ist, wonach also nicht die Hypothek eine besondere selbstständige Realobligation, ein

---

[1]) Weiske, Rechtslexikon, Artikel »Hypothekenwesen«.

besonderes selbstständiges Vermögensobject darstellt, sondern wonach zur Sicherheit eines dinglichen Rechts nur ein Pfandrecht gedacht werden kann, wenn zuvor eine persönliche Verpflichtung übernommen ist, für die Realisirung eines solchen Rechts zu haften und im Falle eines Mangels daran einen Ersatz zu leisten, die grossen Schattenseiten, dass das Hypotheken-Dokument nicht seinen Werth in sich selbst trägt, nicht in dem Werthe des Grund und Bodens allein fundirt ist, sondern seine Sicherheit ausser in dem verpfändeten Grundstücke noch in den persönlichen Eigenschaften des Grundbesitzers hat.

Es ist daher eine Uebertragung eines Pfandrechts an einen Andern um so schwieriger, je weniger dieser mit den persönlichen Verhältnissen des Schuldners bekannt ist.

Durch eine Loslösung von diesem ursprünglich zu Grunde liegenden römischen Obligationenrechte und durch eine Zurückführung auf die deutschrechtliche Auflassung wird das zweite angeführte System geschaffen, wonach die Giltigkeit oder Ungiltigkeit des Geschäfts, aus welchem die Realobligation ursprünglich hervorgegangen, für diese ganz [1]) gleichgiltig ist, und wonach derselben nur derjenige Werth und diejenige Sicherheit beiwohnt, welche das Grundstück selbst ohne Rücksicht auf die Person des Bestellers und die Beschaffenheit der causa debendi zu gewähren im Stande ist.

Dieses System erlaubt daher ohne lange dauernde und weitgehende Untersuchungen über das sonstige Vermögen und über die sonstigen persönlichen den Kredit bestimmenden Verhältnisse des Landwirths dem Kapitalisten nur auf das Pfandobject, welches ihm angeboten wird und dessen Werthhöhe er selbstständig prüfen oder durch Andere taxiren lassen kann, seine Gelder in solcher Höhe zu geben, wie ihm die dafür gebotene Sicherheit genügend zu sein scheint; es erleichtert dem Geldmanne also die Unterbringung seiner Kapitalien und den Schuldner macht es fähig, auf jedes ihm eigenthümlich gehörige Pfandobject besondere Realschulden aufzunehmen, ohne seinen ganzen Vermögenszustand jedem einzelnen Gläubiger darlegen zu müssen.

Da nun bei beiden ersten Hypothekenverfassungen die Schulddokumente nach dem Grundsatze der Priorität nur auf den Namen des Gläubigers ausgestellt werden, so dass eine jede Cession, eine

---

[1] Weiske, Rechtslexikon, Artikel »Hypothekenwesen«.

jede Uebertragung der Forderung an einen Dritten stets der Cognition der betreffenden Behörde unterbreitet werden muss, wodurch beträchtliche, sich nach der Höhe des Werthobjects richtende Kosten den betreffenden Partheien erwachsen, so ist noch die Frage zu untersuchen, ob nicht die Ausstellung der Dokumente auf den Inhaber für Kapitalisten und Gutsbesitzer vortheilhafter und daher vom Staate einzuführen sein dürfte.

Bei allen Inhaberpapieren ist die Uebertragung der Forderung nicht Cession, sondern Tradition der Urkunde, und ist der Besitzer des Schuldscheins dem Schuldner gegenüber der wirkliche Gläubiger für die, auf dem Dokumente verzeichnete Summe; es tritt somit ein verzinsliches Inhaberpapier ganz in die Reihe des verzinslichen Staats- und Actienpapiergeldes, und beruht daher die Annahme desselben nicht auf dem wirklichen Werthe, welchen das Papier darstellt, sondern auf dem Vertrauen, dass die ausstellende, das Papier in Cirkulation setzende Persönlichkeit, ob physische oder juristische ist gleichgiltig, wirklich im Stande sei und auch den Willen habe, das Zahlungsversprechen an Kapital und Zinsen zu erfüllen, welches in der Urkunde enthalten ist.

Durch Ausgabe derartiger Papiere auf den Inhaber lautend wird nun nicht allein das Interesse der Kapitalisten, sondern auch das der Grundbesitzer wesentlich gefördert. Der erstere ist nämlich im Stande, zu jeder Zeit sein Dokument zu verkaufen, sich dafür Geld zu schaffen und dieses in andern, ihm augenblicklich rentabler scheinenden Anlagen unterzubringen; zwar ist er dabei dem wechselnden Course und den Geldkrisen überhaupt unterworfen, er kann an seinem Instrumente gewinnen, kann aber auch eben so gut verlieren; dennoch ist dieser mögliche Wechsel noch lange nicht so schlimm, als wenn in Folge der Geldnoth von dem Schuldner weder Zinsen noch Kapital eingehen, oder wenn der Gläubiger, um zu seinem Gelde zu gelangen, erst in der Regel $1/2$ Jahr vorher kündigen muss und die günstige Zeit zur anderweitigen vortheilhaftern Unterbringung des Kapitals darüber verliert, geschweige denn der Langwierigkeit, wenn erst durch Zwangsmaassregeln das Geld von dem insolventen Schuldner eingezogen werden muss.

Etwaige kleine Verluste im Course werden auch wohl durch die fortfallenden Kosten der gerichtlichen Cession aufgehoben.

Der Grundbesitzer hat durch diese Einführung der beweglichen Schulddokumente den Vortheil, dass er das Preisverhältniss des Geldes, die Anfrage zum Nachgebote, besser wahrnehmen und daraus pekuniäre Gewinne ziehen kann, dass er ferner in der Regel das Kapital mit einem geringern Prozentsatze zu verzinsen haben wird, da durch die Leichtigkeit des Umsatzes des Papiers dieses selbst von den Geldmännern mehr gesucht wird, wie sich dies auch in Bremen und Zürich bewahrheiten soll, wo nach solcher Mobilisirung des Grundeigenthums, nach Einführung solcher hypothekarisch versicherten au porteur Dokumente der Zinsfuss selbst für spätere Stellen sich nicht über 4% erhoben haben soll.

Gegen die allgemeine Einführung solcher beweglichen hypothekarischen Schuldbriefe auch in grössern Staaten wird mehrfach zwar der Einwand erhoben, dass solche Institutionen nur da von Einfluss auf die Befriedigung des ländlichen Kapitalbedürfnisses sein können, wo Jeder sich leicht von dem verpfändeten Objecte überzeugen kann, dass die Wirkung solcher Einrichtungen sich daher nur lokalisiren und solche Dokumente sich eben so wenig an den Hauptbörsenplätzen behaupten würden, wie dies zur Zeit mit den an der Berliner Börse z. B. nicht notirten Ost- und Westpreussischen Kreisobligationen der Fall ist. Dieser Uebelstand ist nun freilich nicht abzuleugnen und gerade deshalb um so einschneidender; als da, wo der ländliche Kredit darnieder liegt, auch im Allgemeinen ein Mangel an flüssigem Kapitale vorhanden ist. Dennoch aber ist durch die Einführung solcher Hypothekeneinrichtungen die Möglichkeit gegeben, den Schulddokumenten an den Hauptbankplätzen Eingang in die Börse zu verschaffen, und den am Sitze des Geldmarkts wohnhaften Kapitalisten Gelegenheit geboten, derartige Realpfandscheine aus entferntern Provinzen zu erstehen.

Das Résumé der obigen Betrachtungen über das Hypothekenwesen lässt sich also wie folgt zusammenfassen:
1) Aufrechterhaltung des Prinzips der Publicität, Specialität und Priorität.
2) Ausstellung von beweglichen, auf den Inhaber lautenden Schulddokumenten, und damit verbunden
3) Vereinfachung und geringere Kostspieligkeit des gerichtlichen Verfahrens bei Aufnahme, Löschung und Einziehung der Realforderungen.

III. In Bezug auf die Wuchergesetze.

Ausser diesen durch die Hypothekenordnungen gebotenen Förderungsmitteln des ländlichen Kredits kann der Staat endlich durch seine Gesetzgebung noch weiter wohlthätig dadurch einwirken, dass er die zeitweilig noch in mehren europäischen Ländern bestehenden Vorschriften aufhebt, durch welche der Kapitalzins für Darlehne im Maximum bestimmt wird, d. h. indem er die sogenannten Wuchergesetze beseitigt.

In den Zeiten der alten griechischen und römischen Staaten wurde jeder Geldhandel für eine verächtliche Beschäftigung angesehen, und galt namentlich das Zinsnehmen als verwerfliche unlautere Handlung, weshalb sich auch Aristoteles dahin aussprechen konnte, dass alle Geschäfte, welche lediglich des Gelderwerbes wegen betrieben würden, unsittlich wären, da sie ohne Beziehung zur Aufgabe der Menschheit, d. h. zum glückseligen, in der Ausübung der Tugend ungehinderten Leben ständen. Dessenungeachtet wurde das Zinsnehmen, namentlich von Freigelassenen, sehr stark betrieben, und ist das Geschäft eines heutigen Banquiers damals wahrscheinlich schon bekannt gewesen, weil die Τραπεζιται in Griechenland und die Argentarii in Rom ungefähr dieselben Functionen ausübten, wie unsere heutigen Geldwechsler.

Der Zinsfuss, den diese forderten, hatte zuweilen eine bedeutende Höhe; jedoch war dieser enorme Prozentsatz mehr eine Folge der mangelhaften Gesetze, welche den Schuldnern jede Erleichterung gaben, die Bezahlung ihrer Schulden zu umgehen, und daher die Darleiher nöthigten, sich ihr Risiko theurer bezahlen zu lassen [1]).

In den darauf folgenden Zeiten des Mittelalters betrachtete die Kirche das Geld als die Quelle aller Unsittlichkeit, als die Materia cunctorum criminum, weshalb auch das kanonische Recht jedes Zinsnehmen von ausgeliehenen Kapitalien den Christen untersagte und nur den Juden gestattete, sogar in einigen Schutzbriefen bis zu 20 %.

Die vielfachen Uebertretungen dieser strengen kanonischen Vorschriften durch den sogenannten Rentenkauf, d. h. durch die Einrichtung, wonach sich der Gläubiger die Einkünfte eines Guts urkundlich verschreiben liess, „so dass das Gut zwar im Besitze des Schuldners verblieb, ein Theil der Revenuen jedoch an den Gläubiger als Zeitrenten abgegeben werden mussten", machten diese Art von Zinsnehmen gewissermaassen gemeingebräuchlich und ge-

---

[1] Mc Culloch, Geld und Banken Thl. II. Kap. 2.

setzmässig, weshalb auch der Papst[1]) noch am 19. Januar 1569 das Verbot aller Zinsen, welche nicht auf Rentenkauf beruhten, wiederholen, und auch die Reichspolizeiordnungen[2]) von 1530 Tit. 26 und die späteren des sechszehnten Jahrhunderts das Zinsnehmen als verbotenen Wucher aufführen und sämmtlich noch den Rentenkauf als die einzig erlaubte Art des zinsbaren Darlehns erklären konnten.

Die Aufrechthaltung der strengen Zinsverbote war der vielfachen Umgehungen halber unmöglich, Umgehungen die sich selbst bis in die höchsten socialen Kreise erstreckten, indem Roscher a. a. O. erzählt, dass selbst englische Könige borgten und dabei Rückzahlung cum damnis, expensis et interesse versprachen.

In Folge dieser Umstände wurden die gänzlichen Zinsverbote am Ende des XVI. Jahrhunderts zu Gunsten der Darlehne mit Zinsversprechen ausser Anwendung gesetzt, wenn gleich die Reichsgesetzgebung in Deutschland[3]) die Berechtigung zu zinsbaren Darlehnen niemals geradezu anerkannt und nur Verzugszinsen gestattet hat (vergl. Reichsdeputationsabschied von 1600 § 139) mit Ausnahme transitorischer Bestimmungen in Verfolg des dreissigjährigen Kriegs (vergl. Reichs-Abschied von 1654 § 174).

Als Reste der frühern Anschauungen wurden dafür jedoch Zinsbeschränkungen eingeführt, nach denen es nur bis zum festgesetzten Maximum erlaubt sein sollte, Zinsen zu nehmen und deren Ueberschreitung oder Umgehung durch die Strafgerichte als Wucher bestraft werden sollten. So ist speciell in Preussen bis jetzt der höchste Zinssatz, welcher überhaupt gesetzlich bedungen werden konnte, für Hypotheken-Darlehne in den östlichen Provinzen 6 %, in den mittlern und westlichen nur 5%, und war bis zum Erlasse des neuesten desfallsigen Gesetzes vom 12. Mai 1866 für Handelsgeschäfte[4]) selbst nur 6 % jährlich mit Ausnahme bei denjenigen Darlehnen, welche ein Kaufmann empfängt und bei Schulden eines Kaufmanns aus seinen Handelsgeschäften, bei denen auch höhere Zinsen als 6 vom Hundert jährlich bedungen werden konnten, so dass selbst die Zinsen bei solchen Geschäften in ihrem Gesammtbetrage das Kapital übersteigen durften.

Die Folgen dieser Zinsbeschränkungen in Preussen waren,

---

1) Roscher, Nationalökonomie I, pag. 390.
2) Gerber, Deutsches Privatrecht § 187, 1.
3) Gerber, Deutsches Privatrecht § 187, 5, pag. 474.
4) Allg. D. Handelsgesetzbuch § 292 ff.

dass in Zeiten allgemeiner Geldnoth, wenn die ausländischen Banken ihren Disconto erhöheten, durch Königliche Verordnungen die Suspension der Wuchergesetze für bestimmte Zeitperioden ausgesprochen und somit die Erlaubniss ertheilt werden musste, höhere Zinsen im Bank- und Privatverkehre zu nehmen, damit nicht massenhafte Geldabflüsse nach den fremden Staaten stattfänden.

Im Laufe der letzten zwanzig Jahre sind aber auch diese Zinstaxen in mehreren europäischen Staaten gefallen und ist die Zinsnahme somit gänzlich in diesen freigestellt. So hörten [1]) in Württemberg nach Einführung der allgemeinen deutschen Wechselordnung und durch die, derselben früher 1839 vorangegangene Exemtion aller Wechselfähigen von den Zinsgesetzen diese Zinsbeschränkungen für Wechselgeschäfte thatsächlich auf, während sie durch die Gesetzgebung direct in England am 10. August 1854, in Spanien 1856, in Sardinien am 5. Juni 1857, in Oldenburg am 18. Juni 1858, in Bremen am 27. Dezbr. 1858, in den Niederlanden am 29. Dezbr. 1857, im Kanton Genf 1857, in Coburg am 10. Februar 1860, in Sachsen 1864, in Frankfurt am Main am 4. Februar 1864, im Kanton Baselstadt am 23. Mai 1864 und in Preussen wenigstens in Bezug auf die nicht hypothekarisirten Darlehne am 12. Mai 1866 beseitigt wurden, und in letztgenanntem Staate auch zur Zeit die Aufhebung der noch vorhandenen Beschränkungen für die Darlehne, zu deren Sicherheit unbewegliches Eigenthum verpfändet wird, angestrebt wird.

Die Gründe, welche wohl im Allgemeinen für gänzlichen Wegfall aller gesetzlichen Zinsmaxima sprechen dürften, lassen sich, wie folgt, zusammenfassen:

1) Das baare Geld ist eben so gut ein Werthobjekt, ein Kapitalstück, wie jeder andere Gegenstand, der auf die Bezeichnung „Kapital" Anspruch machen kann. Es ist nicht nur ein producirter Gegenstand, sondern es ist auch reproductiv, indem es durch die Beschleunigung des Umsatzes die gesammte Thätigkeit aller Producenten steigert, wenngleich es selbst keine besondern Producte erzeugt.

Es hat daher gleichfalls einen Tauschwerth und richtet sich dieser
    nach dem muthmasslichen Gebrauche, welchen der Erwerber damit zu machen hofft (Gebrauchswerth),

---

[1]) Roscher, Nationalökonomie I, pag. 399. Anm. 1.

nach dem Aufwande, den seine Hervorbringung gekostet hat (Kostenwerth), und

nach seiner Seltenheit, d. i. nach dem Verhältnisse des Angebots zur zahlungsfähigen Nachfrage.

Letzteres Verhältniss ist in der Regel dasjenige, auf welchem Punkte der Gebrauchswerth und der Productionswerth zusammentreffen und durch welches hauptsächlich der Preis einer Waare bestimmt wird.

Alle Versuche der Regierungen nun, die Preise der einzelnen Waaren durch gesetzliche Vorschriften zu regeln und zu fixiren, sind geschichtlich bisher fehlgeschlagen. Die polizeilichen Bemühungen der Staatsmänner aus der merkantilistischen Schule, z. B. die Preise der Lebensmittel festzustellen, um durch die leichtern Unterhaltungskosten der Landesbewohner deren Vermehrung zu fördern und dadurch mittelbar Geld in das Land zu ziehen, mussten scheitern

an der Schwierigkeit, solche Preise zu finden, bei denen die sich so offenbar gegenüberstehenden Interessen der Producenten mit denen der Consumenten sich vereinen liessen;

an der Erfahrung, dass durch die mangelnde Concurrenz die Lebensmittelpreise sich allmälig erhöheten, statt dass sie sich verminderten, und endlich

an der Thatsache, dass gerade in dem Bestreben der Regierung, den Gewinn der Verfertiger von Lebensmitteln, der Bäcker und Schlächter z. B., zu regeln, diesen selbst in theurern Zeiten ein beträchtlich höherer Profit zugestanden werden musste, als bei wohlfeilen Preisen der Rohstoffe, deren Preis doch nicht durch polizeiliche Taxen festgestellt werden konnte.

Aehnlich ergieng es den Versuchen, den Arbeitslohn zu bestimmen.

Die Staaten haben nicht die Macht, allgemein giltige volkswirthschaftliche Grundsätze, wie es die Preisbestimmung eines socialen Guts durch das Verhältniss des Angebots zur zahlungsfähigen Nachfrage ist, durch ihre Vorschriften für die Dauer umzustossen, und wo sie es versucht, haben sie es stets auf Kosten der Bevölkerung gethan und dem allgemein gebietenden höhern Naturgesetze doch schliesslich weichen müssen.

2) Jeder Zins besteht aus zwei verschiedenen Faktoren, nämlich aus der Miethe für die Benützung des geliehenen Kapitals und aus einer Vergütung, einem Assecuranzgewinne, für das ge-

ringere oder grössere Risico bei der Verleihung des Geldes, und steht desshalb in dieser Hinsicht der Zinsfuss einer Kapitalanlage in umgekehrtem Verhältnisse zu derer Sicherheit.

Setzt der Staat nun ein Maximum des Zinses fest, so verbietet er offenbar gewissermaassen jedes Darlehn, welches nicht mehr volle Sicherheit dem Gläubiger bietet, wohl aber noch von demselben entrirt wird mit dem Risico eines etwaigen Verlustes, andererseits aber auch mit der Aussicht eines bedeutenden Zinsgewinns beim günstigen Verlaufe des Geschäfts.

3) Das Verbot höherer Zinsnahme wird häufig umgangen, ohne dass dies Vergehen zur Cognition des Strafrichters kommt. Statt nämlich direkt im Leihcontrakte sich gleich höhere Zinsen zu bedingen, wird das Auskunftsmittel des Ankaufs des betreffenden Werthpapiers ergriffen, oder es werden Forderungen gegen geringere Valuta cedirt, Verträge über Lieferung von landwirthschaftlichen Produkten z. B. gegen vorher bestimmte niedrigere Preise, als die des Tages, abgeschlossen u. s. f.

4) Der Staat selbst ist oft genöthigt, die von ihm selbst gegebenen und aus diesem Grunde von ihm auch am meisten zu beobachtenden Wuchergesetze bei seinen Anleihen zu umgehen. Zwar thut er dies nicht direkt, indem er höhere Zinsen verschreibt, sondern die Regierung begiebt, um den Schein des Rechts zu wahren, die Staatsschuldpapiere zu einem niedrigern Curse in Submission oder Subscription.

Was der Staat aber thun kann, als der Hüter des Rechts, als die Handhabe der Ordnung, das kann und darf dem einzelnen Staatsangehörigen auch nicht verwehrt sein!

5) Durch die Zinsbeschränkung wird oft geradezu ein höherer Zins geschaffen. Der Gläubiger, welcher eher die Nichtunterbringung seines Kapitals ertragen kann, als der Schuldner das Nichterhalten desselben, bedingt sich gegen das Versprechen der Geheimhaltung ausser dem, durch die Unsicherheit des Geschäfts schon nothwendigen höhern Procentsatze noch ein Mehr als Schutzmittel für die etwaige Gefahr, welche er durch Veröffentlichung seines Verfahrens aussteht.

Durch die präsumirte thatsächliche Ehrenhaftigkeit der meisten Schuldner kommt solche Ueberschreitung des Zinsmaximums selten zur öffentlichen Kenntniss; geschieht es aber dennoch durch die Heimtücke eines Schuldners, so darf dieser wohl niemals mehr auf irgend einen Kredit von Seiten der Privatkapitalisten rechnen;

denn solide Gläubiger werden ihm so wie so kein Geld anvertrauen, weil sie dessen Unterbringung nicht für sicher halten und diese Sicherheit auch thatsächlich fehlt, weil der Schuldner sonst nicht zu Wucherern seine Zuflucht hätte nehmen dürfen. Unsolide Kapitalisten dagegen stehen in zu enger gegenseitiger Verbindung, als dass das Beispiel des einen Collegen nicht alle andern vor solchen Schuldnern warnen sollte.

6) Oftmals kann der Geldbedürftige, selbst wenn er einen höhern als den landesüblichen Zins zahlen muss, mit dem erhaltenen Darlehne eine so einträgliche Unternehmung machen, dass er ausser dem ansehnlichen Zinse noch einen bedeutenden Reingewinn damit erzielt. Ist durch die Zinstaxe nun die Contrahirung eines Darlehns gehindert, so muss natürlich oft die projectirte Unternehmung unterbleiben, die geistige Arbeitskraft desshalb gelähmt werden.

7) Die so oft angeführte Nothwendigkeit der Zinsbeschränkungen durch das Gesetz, um die Staatsangehörigen vor leichtsinnigem Schuldenmachen zu bewahren, ist ebenso gänzlich unstichhaltig, da in heutiger Zeit dem Unerfahrenen und dem Leichtsinnigen so viele Mittel und Wege offen stehen, sich zu ruiniren, dass jede staatliche Fürsorge zur Verhinderung solchen Verderbens, mit alleiniger Ausnahme bei minderjährigen oder ihnen gleichstehenden Personen, unnütz und es auch nicht zu verantworten ist, wesshalb die ganze Menge der Staatsbürger wie Unmündige und Verschwender behandelt werden sollen.

Alle diese Gründe scheinen wohl zur Genüge darzuthun, dass die Wuchergesetze in heutiger Zeit nicht mehr haltbar sind, und dass namentlich Preussen, welches mit der Aufhebung dieser Gesetze in Bezug auf nicht fundirte Darlehne im vorigen Jahre vorgegangen ist, in sehr kurzer Zeit auch zu der Beseitigung der Zinsbeschränkungen für hypothekarisirte Anleihen fortschreiten muss, da sonst die nothwendige Folge sein würde, dass das schon jetzt dem Grundbesitze nicht in reichlicher und genügender Menge zufliessende Kapital demselben bald ganz entzogen und andern gewerblichen Unternehmungen immer mehr zugeführt werden würde.

Historische Nachweise, wie sie Roscher [1] liefert, bezeugen auch, dass eine gesetzliche Normirung des Zinsfusses und eine Erniedrigung desselben, wie sie Katharina II. von Russland 1785

---

1) Roscher, Volkswirthschaft I, § 192, 8. S. 395.

in Liefland vornahm, es bald unmöglich machte, sogar bei der grössten Sicherheit, unter 7 %, also 2 % mehr als das gesetzliche Zinsmaximum, zu borgen, und dass in Chili, wo der gesetzliche Zinsfuss 6 % beträgt, der thatsächliche aber fast nie unter 12—18—24 % ist, während die Aufhebung der Wuchergesetze in Peru rasch den Zinsfuss dort von 50 auf 24—12 % ermässigte.

Auch die Erfahrungen aus dem Königreiche Sachsen, welche seit Aufhebung der betreffenden Wuchergesetze im Jahre 1864 dort gemacht und auf Ersuchen der Kgl. Preussischen Regierung dieser mitgetheilt sind, haben keine Erhöhung des Zinsfusses, wie sie vielseitig befürchtet wurde, zur Folge gehabt.

Selbst in Preussen haben sich in Folge der, nach Emanation der allgemeinen Wechselordnung durch das Staatsministerium gestellten Anfragen die meisten Handelskammern, die Vorstände der Kaufmannschaften, die Provinzial- und Justizbehörden, das Landes-Oekonomie-Kollegium und die Vorstände der landwirthschaftlichen Centralvereine dahin erklärt, „dass die Wirkungen der den vertragsmässigen Zinsfuss beschränkenden Gesetze eine entschieden nachtheilige und dass daher die Geltung dieser Gesetze im öffentlichen Interesse nicht länger aufrecht zu erhalten sei", „dass ferner trotz des häufigen Vorkommens wucherlicher Geschäfte die gerichtlichen Untersuchungen gegen Wucher selten und von sehr geringem Erfolge begleitet, die Civilklagen auf Auflösung derartiger Geschäfte oder auf Rückerstattung von Wucherzinsen fast unerhört seien" [1]).

Die von den Staaten möglichst zu begünstigenden landwirthschaftlichen Kreditanstalten jeder Art, namentlich aber die auf Gegenseitigkeit und Solidarität gegründeten Kreditvereine, die Verbesserung der Hypothekengesetzgebung und die Aufhebung der Wuchergesetze sind somit die Mittel, um den darnieder liegenden Kredit der Grundbesitzer wieder neu zu beleben, diesen selbst die Möglichkeit zu geben, mit den andern gewerblichen Unternehmungen des Handels und der Industrie gleichen Schritt nach Vorwärts zu halten, um das zur Zeit gestörte Verhältniss zwischen den drei genannten Gewerbsthätigkeiten wieder in harmonischen Einklang zu bringen, um nicht einen mächtigen Zweig des ganzen Nationalwohlstandes durch die Entziehung der Grund-

---

[1]) Mascher, Der landwirthschaftliche Realkredit.

bedingung seiner Lebensfähigkeit, des Kapitals, verkümmern zu lassen.

Alle drei Gewerbszweige sind auf den Urquell alles Volkswohlstandes, auf die menschliche Arbeit, basirt, alle drei sind gleichberechtigte Faktoren des staatlichen und volkswirthschaftlichen Gedeihens und ist es daher eben so verkehrt, Alles für die Landwirthschaft zu thun und Alles von ihr zu erwarten, wie die Anhänger der physiokratischen Schule es gethan, als unter effectiver Zurücksetzung dieser eine grössere Aufmerksamkeit den industriellen und Handelsunternehmungen zu zollen, wie die bisherigen modernen Staatslenker es gethan haben.

Der glücklichste Zustand einer Nation wird nur durch die Vereinigung aller drei Productionszweige erlangt; jede Einseitigkeit im ökonomischen Leben erzeugt Schattenseiten, die nur vermieden oder erleichtert werden können, wenn die verschiedenen Gewerbegattungen wieder in ein harmonisches Verhältniss zu einander treten.